汽车智能座舱技术

金 雷 冯连祥 张红伟 主编

 北方联合出版传媒（集团）股份有限公司

辽宁科学技术出版社

图书在版编目（CIP）数据

汽车智能座舱技术 / 金雷，冯连祥，张红伟主编 .
沈阳：辽宁科学技术出版社，2024. 12. -- ISBN 978-7-
5591-4016-6

Ⅰ. U463.83

中国国家版本馆 CIP 数据核字第 2024AS3544 号

出版发行：辽宁科学技术出版社
　　　　　（地址：沈阳市和平区十一纬路 25 号　邮编：110003）
印　刷　者：河南瑞之光印刷股份有限公司
经　销　者：各地新华书店
幅面尺寸：185mm×260mm
印　　张：12.75
字　　数：220 千字
出版时间：2024 年 12 月第 1 版
印刷时间：2024 年 12 月第 1 次印刷
责任编辑：吕焕亮　张　永　高　鹏　艾　丽
封面设计：郭芷夷
责任校对：王玉宝

书　　号：ISBN 978-7-5591-4016-6
定　　价：58.00 元

联系电话：024-23284373
投稿信箱：99798397@qq.com

前　言

汽车产业历经百年，被誉为现代工业皇冠上的"明珠"。如今，随着新一轮技术革命的到来，汽车产业正步入"新四化"（电动化、智能化、网联化、共享化）的发展进程，获得了全新的机遇和生命力。智能座舱作为智能化的核心阵地，融合了多模态交互、高级辅助驾驶、人工智能、增强现实显示、高分辨率屏幕、物联网车联网通信和智能传感器等关键技术，旨在实现个性化、沉浸式、高效率的车内体验。同时，智能座舱被众多专家学者誉为继电视、PC（个人电脑）、手机之后的"人类第四屏"。然而，尽管智能座舱汇聚了众多尖端技术，要想真正驾驭这些技术，为用户提供价值，仍离不开一个关键课题——智能座舱的场景应用。

在智能手机时代，App应用让手机的价值超越了通信设备，实现了指数级的增长。同样，智能座舱作为人与智能汽车交互的重要关口，其重要性日益凸显。它不仅仅是车内功能部件的简单叠加，更是以用户为中心，通过精心设计的智能座舱应用构建一个个完整的功能场景。这一过程，既是对车载系统能力的考验，也是对工程师创造力的挑战。鉴于智能座舱应用在推动汽车智能化发展中的核心地位，我们编写了这本《汽车智能座舱技术》教材，旨在为读者提供一套系统、全面的知识体系和实践指南。本教材不仅深入剖析了智能座舱的基本原理、关键技术与发展趋势，还通过丰富的案例分析和实战演练，帮助读者掌握智能座舱场景应用开发的方法与技巧。

本教材采用项目式教学方法，共分为五个项目。项目一"智能座舱概述"，主要介绍了智能座舱的定义、发展历程、构成及基础理念，为后续章节奠定理论基础；项目二至项目五深入探讨了智能座舱的关键技术，包括多模态人机交互技术、车内环境感知系统、智能驾驶/车联网等。

在汽车产业迈向新四化的浪潮中，智能座舱技术作为连接驾驶者与智能汽车的关键桥梁，正逐步成为推动汽车智能化发展的核心力量。我们希望通过这本教材，激发更多人对智能座舱技术的兴趣与热情，共同探索这一领域的无限可能。让我们携手并进，在汽车智能化的征途上，不断解锁新的成就与辉煌，为驾驶者带来更加智能、舒适、安全的驾驶体验。

由于编者水平有限，本教材中难免存在不足之处，敬请广大读者批评指正。

编者

目　录

项目一　智能座舱概述

学习目标

● **知识目标**

1. 了解智能座舱的定义及其在汽车中的作用。

2. 掌握智能座舱的发展历程。

3. 理解智能座舱的构成要素。

4. 能够分析智能座舱的未来发展方向。

● **技能目标**

1. 能够获取智能座舱相关信息，并理解其含义和重要性。

2. 能够描述智能座舱发展历程中的关键事件和技术突破。

3. 能够区分智能座舱不同阶段的特点，并分析其对汽车行业的影响。

4. 能够评价智能座舱技术对汽车驾驶和乘坐体验的提升效果。

● **素养目标**

1. 深化爱国主义教育，培养学生自信自强、守正创新的强国意识。

2. 激发学生科技报国的决心，做担当民族复兴大任的时代新人。

3. 践行社会主义核心价值观，培养学生关心国家发展、参与祖国建设的主人翁意识。

1　智能座舱的定义

智能座舱不仅是车辆内部装饰和电子产品的升级和创新，还实现了与各种智能终端设备的互联，如智能手机和智能手表。这种互联不局限于车内，还将扩展到智慧家庭和智慧办公等场景，实现无缝衔接。智能座舱作为物联网的一部分，旨在全面打通各类互联设备，使汽车不仅仅是一个驾驶和乘坐的工具，更是一个以消费者为中心的"智能移动空间"。这个空间有望成为继住宅和办公场所之后的第三个生活空间，满足社交、学习、办公、订餐、路线规划和旅行决策等多种需求。

　　从车外视角看，智能座舱通过车联网、无线通信、远程感应和GPS等技术，与车外的基础设施和联网设备实现V2X（Vehicle-to-Everything）连接，见图1-1。它能够感知交通、路况和车外的娱乐生活场景信号，支持自动驾驶的感知和决策，推动高阶自动驾驶的实现。此外，为了提高座舱的AI算力，更好地模拟人类思考和感知，提供精准的服务，智能座舱的部分计算和决策功能将扩展至车外，通过车载芯片和云端计算中心协同工作，提供统一的AI算力支持。

图1-1　智能座舱

2　智能座舱的发展历程

2.1　机械时代（20世纪60—90年代）

　　在机械时代，座舱产品主要包括机械式仪表和简单的音频播放设备。功能非常单一，基本都是通过物理按键进行操作的。仪表上显示的信息有限，仅包括车速、发动机转速、水温和油耗等基本信息。

2.2　电子化时代（2000—2015年）

　　随着汽车电子技术的发展，座舱产品逐渐进入电子化时代。虽然机械仪表仍然占主导地位，但少量小尺寸中控液晶屏开始应用。此外，导航系统和影音系统的增加使得驾驶员能够获取更多信息。

2.3 智能时代初级阶段（2015年至今）

2015年后，汽车座舱进入智能时代初级阶段。大尺寸中控液晶屏开始取代传统中控，全面液晶仪表也逐步替代传统仪表。中控液晶屏与仪表的一体化设计开始出现，少数车型还增加了HUD（抬头显示）和流媒体后视镜等功能。人机交互方式多样化，智能化程度显著提升。

2.4 高度智能时代（未来）

在未来高度智能时代，汽车将不再仅仅是交通工具，更是集成了高级自动驾驶、智能座舱和全面互联功能的移动生活空间。通过"一芯多屏"、多屏互融、立体式虚拟呈现等技术，汽车将实现高度智能化和个性化的驾驶体验。智能座舱不仅能够满足出行需求，还能提供生活、娱乐、办公等多种服务，成为个人的"第三生活空间"。用户可以在车内自由活动，享受高品质的娱乐和办公体验，而智能导航系统则确保安全、快捷的出行。这样的汽车将彻底改变人们的生活方式，使未来出行更加便捷和丰富多彩，见图1-2。

机械时代
（20世纪60—90年代）

单一的仪表
简单的音频播放设备
物理操作按键
无中控显示屏
集成度较低
安全程度极低
智能化程度无

电子化时代
（2000—2015年）

多为机械仪表
极少数为液晶仪表
娱乐系统
多为物理按键
极少数为触屏
小尺寸娱乐屏显示
集成度较低
安全程度较低
智能化程度低

智能时代初级阶段
（2015年至今）

大尺寸屏显示
多联屏出现
信息娱乐系统功能逐渐丰富
交互方式多样
高度集成化
安全程度较高
智能化程度高

高度智能时代
（未来）

虚拟呈现
科技功能丰富多样
交互情景化
科技高度集成化
安全程度极高
智能化程度极高

图1-2 智能座舱的发展历程

3 智能座舱的构成

智能座舱系统是一套庞大而复杂的系统，由多种电子设备组成，涵盖多模态人机交互系统、车内环境感知系统、智能驾驶和车联网系统等。它代表了对传统座舱的全面升级。

多模态人机交互系统：HUD（抬头显示）、车载显示屏、智能表面、氛围灯、IMS（智能多媒体系统）、语音交互、空气净化与香氛系统、智能座椅、智能方向盘。车内环境感知系统：音频系统、温度与湿度系统。智能驾驶和车联网系统：V2X（车联网）、OTA（在线升级），见图1-3。

这些系统共同协作，实现了对车内环境、驾驶体验和人机交互的全面智能化提升，使智能座舱成为一个高效、舒适的"第三生活空间"。

图1-3　智能座舱的构成

4　智能座舱基础工作原理

4.1　电子电气架构（EEA）

电子电气架构（Electrical and Electronic Architecture，EEA）的概念最早来源于IT行业，由美国DELPHI公司首次提出。它的核心思路是按照整车各功能域类型划分，并集成多个功能ECU（电子控制单元）进行控制，见图1-4。

随着汽车技术和行业的发展，EEA的概念已经基本明确。尽管"架构"这个词有较广泛的外延，并且是一种抽象的概念，但从标准定义上来看，架构是一种用于描述物理功能和信息功能之间关联的抽象化概念。总体而言，架构表现为系统的组织结构，是关系和分配原则的一种体现。

结合汽车的特性和电气系统的功能及性能法规标准要求，汽车EEA可以定义为汽车上各电气部件之间的相互关系，包括各电气硬件的设计、软件的开发测试以及各功能和性能的实现等所有电气部件和电气系统所共同承载的逻辑功能之间的关系。这一架构还包括未来研发设计、维护保养和监测电气系统时所规定的各种原则。

图1-4　电子电气架构

4.2　面向服务的软件架构（SOA）

面向服务的软件架构（Service Oriented Architecture，SOA）是一种通过业务驱动的IT架构方式和组件模型，支持对业务进行灵活整合。SOA将应用程序的不同功能单元（称为服务）通过定义良好的接口和契约联系起来。这不仅是一种架构，也是一种方法、思想和标准，使企业的业务标准化、服务化和组件化。

在汽车领域，SOA将传统的面向信号的架构升级为面向服务的架构。这种架构方法通过将系统的能力抽象为多个服务，并利用这些服务之间的依赖关系来满足车辆系统的多种需求。汽车SOA通常采用分层开发模式：上层应用程序，中间层操作系统，底层硬件。

这种模式实现了软硬件解耦，将上层应用程序的不同功能单元模块化，定义为不同的服务。服务是可发现的软件实体，通过服务接口实现相互访问，并可以动态发现和调用其他服务。服务接口设计采用标准的接口定义和通信协议，使服务独立于硬件平台、操作系统及应用程序内部的软件代码。

SOA具备以下特点：

·复用性：通过服务之间的编排和重组，单个服务可以在不同的应用程序中重复使用

·灵活性：服务独立于硬件和操作系统，支持跨车型、跨平台使用，可实现灵活部署

·屏蔽异构性：服务之间采用标准化接口，屏蔽不同硬件、软件、开发语言间的差异，更容易与其他系统集成

·增强互操作性：依赖标准化的中间件，更易于实现数据共享，软件程序的互操作性较高

·拓展性：在不改变硬件设施的前提下，可以根据业务需求增加新的服务，单个服务可以独立扩展和升级

5 智能座舱核心模块

5.1 域控制器

域控制器有多种称呼，如 DCU（Domain Control Unit）、DCM（Domain Control Module）和 MDC（Multi Domain Controller）。了解域控制器，首先需要了解 ECU（Electronic Control Unit），即电子控制单元，亦称为"行车电脑"。它是汽车专用的微机控制器。ECU 通常由 CPU、存储器（ROM、RAM）、输入 / 输出接口（I/O）、模数转换器（A/D）以及整形、驱动等大规模集成电路组成。它通常采用功能集成、开发容易的 CPU，并使用 C 语言编写软件，提供丰富的驱动程序库和函数库，配备编程器、仿真器、仿真软件以及用于校准的软件。

随着汽车电子化程度的不断提升，特别是自动驾驶和主动安全等功能的增加，车内 ECU 数量急速增长。一辆汽车的 ECU 数量一般在 50~100 个之间，复杂电子结构的车辆 ECU 数量甚至超过了 100 个，例如 2005 年的宝马 7 系配备了 65 个 ECU，而 2010 年奥迪 A8 上 ECU 数量超过了 100 个。

如此多的 ECU 带来了复杂的线束设计和混杂的逻辑控制，随着车载电子的发展，尤其是高性能 MCU 在车载电子中的应用，车载电子电器逐渐形成了功能"域"的架构。典型的功能域包括动力总成、底盘控制、车身控制、ADAS（高级驾驶辅助系统）和娱乐系统。这 5 个主要的功能域中，每个域都有一个主要的高性能 ECU，即域控制器，负责处理域内的功能和数据转发。域内部通常使用低速总线，而域之间则使用高速总线或车载以太网互联，见图 1-5。

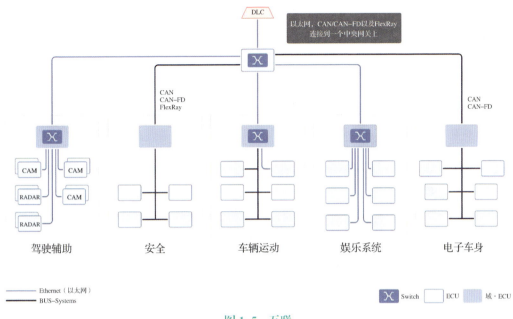

图 1-5　互联

域架构的优势：

·传感与处理分离：传感器与 ECU 不再是一对一关系，管理更为简便

·适当集成化：减少 ECU 数量，提升平台扩展性

·智能座舱域控制：传统的汽车座舱控制需要多个独立的 ECU，例如座椅调节 ECU、车窗调节 ECU、扬声器 ECU 等。使用智能座舱域控制器后，一个域控制器即可实现所有功能

综上，域控制器的"域"是指功能域，因此娱乐系统、车身控制系统都可以称作一个域控制器。随着车载电子电气架构的演化，域控制器将会越来越强大，对电子设计的要求也会越来越高。

5.2　车载智能终端（T-BOX）

车载智能终端（T-BOX）主要用于车与车联网服务平台之间的通信，集成了 OBD、MCU/CPU、FLASH、SENSOR、GPS、4G/5G、Wi-Fi/ 蓝牙等模块，见图 1-6。对车内，它与车载 CAN 总线连接，实现指令与信息的传递；对车外，它通过云平台与手机 /PC 端实现互联。它是车内外信息交互的纽带。

T-BOX 具备出色的数据采集与传输功能，能够读取汽车 CAN 总线数据和私有协议，通过无线网络将数据传输至云服务器，为车辆提供行驶安全、安防、节能和信息娱乐等

互联网

4G/5G

4G/5G

云服务器

CAN总线

T-box

备用电池

CAN通信接口

USB接口

车联网天线接口

定位天线接口

图1-6 T-BOX

服务。它可以实时采集并存储行车数据，记录车辆轨迹，并在车辆显示屏上展示相关信息，方便用户随时了解车辆的状态。

用户可以通过T-BOX系统远程控制汽车，如开门、鸣笛、闪灯、空调和发动机启动等。T-BOX还提供定位服务，用户可以随时追踪车辆位置。

在紧急情况下，T-BOX会自动拨打救援电话，确保用户及时得到救援。它还能对汽车故障进行诊断并反馈信息，帮助用户快速解决问题。如果车辆出现异常情况，如被拖走或发生被盗事件，T-BOX会立即发出报警提醒，确保车辆安全。

T-BOX支持系统远程升级，让用户享受最新的功能。它还提供全方位的车辆安全保护和资讯娱乐服务，丰富驾驶体验。T-BOX采用无线广域网（WAN）、无线局域网

（WLAN）、车身通信网（CAN）、多网路由、车载数据安全、空中烧号（OTA）、GPS和北斗定位、三维加速度传感器、多轴传感器和实时惯导等先进技术，提升了其性能和稳定性。

总之，T-BOX作为车联网系统的关键组成部分，以其强大的数据采集与传输能力、丰富的功能和先进的技术，为用户提供了便捷、安全和舒适的驾驶体验。随着车联网技术的不断发展，T-BOX将在未来发挥更加重要的作用，推动汽车行业向智能化、网联化方向迈进。

6 主机厂智能座舱应用介绍

● 小鹏天玑

AI小P：是一款生活助理，通过个性化组合超过100项座舱功能，为用户提供贴心的管家式服务，能够实现精准预测、顺畅沟通和准确执行用户需求。它还具有人机共驾功能，包含AI保镖和出行助理。

AI保镖：通过升级的SR感知能力，将场景感知范围扩大至1.8个标准足球场大小，精准识别超过50个目标物，并通过哨兵模式实现24h在线记录，提前预警潜在风险。

出行助理AI驾驶员：通过AI代驾和AI泊车功能，为用户提供便捷的智能出行体验。AI代驾功能基于强大的自主学习能力，在用户手动驾驶时精准记忆行驶路径，仅需一次学习即可生成定制化驾驶路线，每个用户最多可选择10条路线，每条路线最长100km，为用户提供覆盖全程的智能辅助驾驶体验，见图1-7。

图1-7 小鹏

● 小米 SU7

小米 SU7 的智能座舱以手机和车的无缝连接为核心，支持协同唤醒、Carwith、CarPlay 等多种模式，方便用户使用各种品牌手机。小米互联互通使手机轻松连接车机，实现快速投屏、实时操作，提升了 Spotify、播客等应用的车载使用体验。Carlink 则适用于其他品牌安卓手机，通过蓝牙连接，画质可能略逊。小米 SU7 还支持苹果 CarPlay，并计划进一步优化显示效果。生态互联方面，小米 SU7 集成了强大的智能家居控制功能，支持米家设备和快捷指令，车内自带中枢网关，连接各种 IoT 设备，提供便捷的语音控制和自动化体验。小米 SU7 还配备电信 5G 网络，进一步增强了设备连接的灵活性。小爱同学 AI 大模型优化了车内语音助手的连续对话能力，并率先采用端到端大模型，实现了高效自动泊车和代客泊车功能，进一步提升了驾驶体验的智能化和便捷性，见图 1-8。

图 1-8　小米 SU7

7. 智能座舱厂商

● 商汤绝影智能座舱

商汤绝影提供以 DMS（驾驶员监控系统）和 OMS（乘客监控系统）为核心的一站式座舱解决方案，连续 5 年在座舱 AI 软件市场占据第一。基于多模态大模型、语言大模型、文生图大模型以及"大医"医疗大模型等构建的 AI 大模型体系，绝影正打造以敏锐洞察、深度思考和高效执行的多模态场景大脑为核心的智能座舱创新产品矩阵，见图 1-9。

图 1-9　商汤绝影

● 华为鸿蒙座舱

　　鸿蒙智能座舱让汽车成为智能、智慧的生活空间。基于 HarmonyOS 的智能平台，座舱实现了高效的系统性能和丰富的交互体验。通过简洁的 HarmonyOS UI&UX 人机交互设计，用户可以享受卡片式设计、多任务中心、Smart Dock 等创新功能。强大的 HarmonyOS 分布式能力让设备间无缝联动，实现人与车、车与家智能互联。座舱的智慧能力包括导航、远程控制、加热、充电、停车等多种主动服务。配备高清的华为车载智慧屏和高保真的 HUAWEI SOUND 车载音响系统，为用户提供极致的影音体验。全国 600 多家华为门店提供展示体验，可以前往试驾感受，见图 1-10。

图 1-10　华为鸿蒙座舱

技能实训

思考与练习

单选题：

1. 智能座舱的发展历程中，2000—2015 年被称为什么时代？（　　）

A. 电子化时代 　　　　　　　　　　 B. 机械时代

C. 智能时代初级阶段 　　　　　　　 D. 智能助理阶段

2. 智能座舱的构成中，以下哪项不属于多模态人机交互系统的组成部分？（　　）

A. HUD 　　　　　　　　　　　　　 B. 智能方向盘

C. 车内感知系统 　　　　　　　　　 D. 氛围灯

3. 智能座舱的发展方向中，哪个阶段涉及座舱成为个人的第三生活空间？（　　）

A. 电子座舱阶段 　　　　　　　　　 B. 智能助理阶段

C. 人机共驾阶段 　　　　　　　　　 D. 第三生活空间阶段

4. 智能座舱基础理念中的 EEA 是指什么？（　　）

A. 企业电气架构 　　　　　　　　　 B. 电子电气架构

C. 企业事件架构 　　　　　　　　　 D. 电子事件架构

判断题：

1. 智能座舱的发展历程中，2000—2015 年是电子化时代。（　　）

2. 智能座舱的发展方向中，智能助理阶段是指车辆开始实现自主/半自主决策，主动提供场景化服务。（　　）

3. T-BOX 是车载智能终端的英文缩写，主要用于车与车联网服务平台之间的通信。（　　）

4. 域控制器的功能域是指汽车的运动域。（　　）

拓展训练

1　实验设备

1.1　登录注册平台

（1）打开"智能座舱 SOA 原子服务管理平台"（网址：http://yunxiaochan.com）。

（2）点击"立即注册"注册平台账号。

（3）注册完成后，使用注册的账号和密码进行登录。

1.2 创建场景

（1）点击"场景管理"进入场景创建页面。

（2）点击"新增"按钮，在弹窗中输入场景基本信息后，点击确定创建一个空场景。

（3）点击"开发"按钮，进入场景编辑页面，开始设计智能场景。

2 任务实施

2.1 构思智能座舱场景

问题思考：当人们长时间驾驶或因各种原因感到身心疲惫时，汽车往往成为他们选择的休息场所。在此情境下，我们要如何通过智能座舱有效地为这些疲惫的驾驶者提供一个舒适环境呢?

解决方案：通过思考创建一套"停车休憩"场景，由座椅、音效、音乐、空调的联合工作，让驾驶人员得到一个舒适的休憩环境。

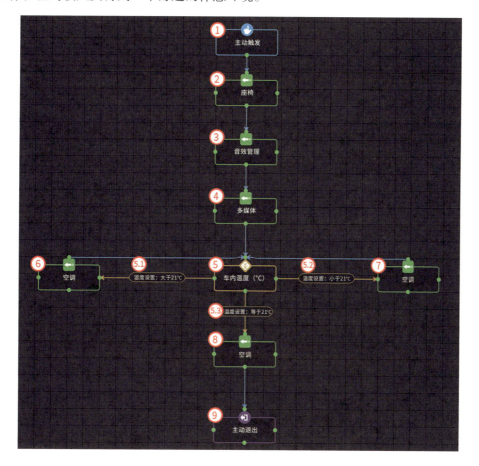

2.2 详细设置

实验步骤			
	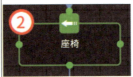		
场景开始条件 （1）初始状态 行驶状态：驻车 门锁设置：上锁 （2）开始方式 手动开启	**设置执行结果** 座椅调节： 主驾驶按摩模式设置：波浪 主驾驶按摩强度设置：一级 主驾驶前后位置设置：100 主驾驶靠背位置设置：100 主驾驶腿托调节设置：100	**设置执行结果** 音效管理： 声场设置：主驾模式	**设置执行结果** 多媒体： 音源播放选择：在线音乐 音乐播放类型选择：轻音乐 音乐播放状态选择：播放 音乐播放模式选择：随机
⑤ 车内温度（℃）	5.1 温度设置：大于21℃	5.2 温度设置：小于21℃	5.3 温度设置：等于21℃
环境温度判断： 车内温度	分支1： 车内温度大于21℃ 执行⑥	分支2： 车内温度小于21℃ 执行⑦	分支3： 车内温度等于21℃ 执行⑧

设置执行结果 空调： 主驾空调模式设置：吹脸吹脚和除霜 主驾空调温度设置：16℃ 空调开关设置：打开 空调内外循环状态：外循环 空调A/C模式设置：开启 空调风量调节：7挡	**设置执行结果** 空调： 主驾空调模式设置：吹脸吹脚和除霜 主驾空调温度设置：32℃ 空调开关设置：打开 空调内外循环状态：外循环 空调风量调节：7挡	**设置执行结果** 空调： 主驾空调模式设置：吹脸吹脚 主驾空调温度设置：21℃ 空调开关设置：打开 空调内外循环状态：外循环 空调Auto模式：开启 空调风量调节：1挡 执行完流转至退出	**设置退出方式** 手动退出

2.3 运行检验

点击运行，检查运行结果。

项目二　多模态人机交互（视觉）

任务一　车载显示

学习目标

● 知识目标

1. 理解车载信息显示系统的发展历史和核心技术。

2. 掌握车载显示器的功能及不同类型的应用场景。

3. 了解车载显示器的发展趋势和未来方向。

4. 能够描述不同车载显示技术的优缺点，并分析其适用场景。

● 技能目标

1. 能够识别和解释文中提到的不同类型的车载显示器及其功能。

2. 能够分析和比较不同车载显示技术的特点，并评估其在汽车应用中的实际效果。

3. 能够应用所学知识，设计或提出适合特定汽车类型或需求的车载显示方案。

● 素养目标

1. 培养批判性思维能力，能够对不同车载显示技术进行分析和评估，形成自己的见解。

2. 培养学生具备与本专业职业发展相适应的职业素养和职业技能。

3. 培养学生爱岗敬业的工作态度和精益求精的工匠精神。

1 车载显示概述与分类

车载信息显示系统也称为汽车信息显示系统,是车载信息娱乐系统的显示部分。传统的车载显示器是机械式仪表加报警功能的显示系统,随着汽车电子技术的发展,车载信息显示系统由车况监测部件、车载计算机和电子仪表组成。其功能主要包括驾驶辅助和娱乐,按位置不同可分为中控显示屏、仪表显示屏、抬头显示屏、前后排显示屏、后视镜屏等,见图 2-1-1。

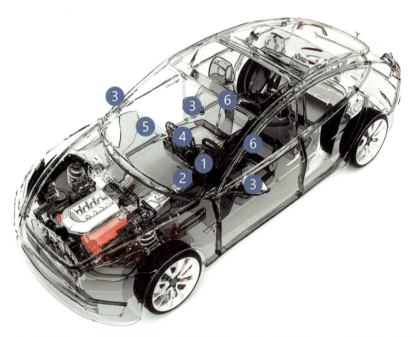

1.仪表显示屏　2.抬头显示屏　3.后视镜屏　4.中控显示屏　5、6.前后排显示屏

图 2-1-1　车载信息显示系统

2 车载显示的发展历史

经过百余年的发展,随着技术的不断迭代升级,汽车已经从机械时代迈向电气化、智能化时代。汽车座舱也经历了从机械式座舱到电子化座舱,再到现阶段智能座舱的演进,见图 2-1-2。用户对车载显示的需求随之变化,从最初作为驾驶信息的核心载体,逐渐演变为人、车、环境的核心交互窗口。这一转变不仅提升了驾驶体验,还拓展了车载显示在信息显示、导航、娱乐和安全提示等方面的多功能应用,使得智能座舱成为现代汽车的重要组成部分。

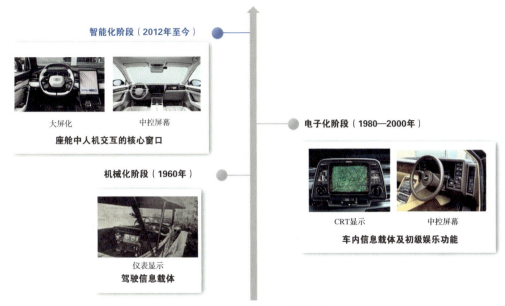

图 2-1-2　车载显示的发展

2.1　机械化阶段

在 20 世纪 60 年代，汽车逐步开始配置机械式仪表（图 2-1-3），可以显示车速、油量和水温等信息。在此阶段，车载屏幕主要用于反映车辆机械件的运行情况，人车交互通过机械仪表完成，功能相对简单，注重信息的功能性。此外，1960 年的 8 轨道播放器和 1970 年的卡式录音带的诞生，开始扩展了乘客的娱乐方式。

图 2-1-3　配置机械式仪表的汽车

2.2　电子化阶段

1976 年，阿斯顿·马丁首次将阴极射线管（CRT）显示技术应用于 Lagonda 汽车上

（图 2-1-4），电子屏幕首次出现在汽车中，显示内容变得更加精确和丰富。随着电气技术的发展，越来越多的电子设备"进入"汽车座舱。1980 年，市场上逐步出现彩色显示屏幕，提供 GPS 及图像显示功能，并增加了导航和蓝牙功能，方便用户提高驾驶安全性和行车效率。

图 2-1-4　阿斯顿·马丁采用了阴极射线管（CRT）显示技术

2.3　智能化阶段

随着汽车座舱逐渐成为一个交互的空间，市场不再仅仅满足于主驾的需求，各大车企开始重视乘车人的需求。信息娱乐系统屏幕不再局限于中控屏幕，副驾及后排的娱乐屏幕开始为乘车人提供全新的体验。座舱的"一芯多屏"和集中式控制推动了多屏显示成为新趋势，大屏化、多屏化成为汽车座舱的主旋律，屏幕也成为智能座舱布局的核心，见图 2-1-5。

图 2-1-5　屏幕

3　车载显示屏的功能

3.1　仪表显示屏

现代汽车的仪表显示屏不仅包含传统仪表的全部功能，还由于以液晶屏幕作为显示终端，使得其承载的内容更加丰富。大量复杂的信息可以以图形的方式灵活、准确地显示出来。此外，液晶屏幕具有高亮度和快速实时响应的特点，使其能够显示导航和行车安全类的信息（图 2-1-6），从而提供更全面的驾驶支持。

图 2-1-6　仪表显示屏

3.2　中控显示屏与多媒体娱乐屏

中控显示屏作为智能座舱的核心显示窗口（图 2-1-7），基本涵盖了智能座舱内的全部可显示的信息。其主要功能包括：

·导航系统：提供路线规划、实时交通信息和目的地搜索服务，帮助驾驶员规划最佳路线

·多媒体娱乐：支持音乐和视频播放，并可通过蓝牙、USB 或其他无线方式连接外部设备，提供丰富的娱乐选择

·车载通信：包括电话功能，支持语音拨打和接听电话，方便驾驶员在行车过程中保持联络

·智能手机集成：如 Apple CarPlay 和 Android Auto 等，允许用户将智能手机的部分

功能镜像到车载系统上，方便操作应用程序如地图、音乐播放和消息

·车辆设置控制：用户可以通过中控显示屏调整车辆的各种设置，如座椅调整、气候控制、灯光设置等，提升使用便捷性

·车载信息显示：显示车辆的各种信息，如油耗、发动机状态、维护提醒等，帮助驾驶员及时了解车辆状况

·车联网服务：提供远程控制车辆、紧急救援、实时路况信息等联网功能，提高车辆的安全性和便利性

·驾驶辅助系统：展示来自各种传感器（如摄像头、雷达等）的信息，帮助驾驶员了解车辆周围环境，甚至提供自动驾驶的辅助功能

·应用模块：除了上述功能之外，还具有社交、办公和游戏功能的多种车载应用，将满足用户的多样化需求

图 2-1-7　中控显示屏

3.3　多媒体娱乐屏

多媒体娱乐屏功能与中控显示屏具有许多相似的功能，但多媒体娱乐屏主要专注于提供娱乐相关的服务，如音乐、视频、游戏、社交等，设计更侧重于乘客的娱乐体验，见图 2-1-8。

图 2-1-8　多媒体娱乐屏

3.4　智能电子后视镜

随着电子影像技术的发展与进步，电子后视镜在汽车上的应用逐渐成为现实，见图 2-1-9。相较于传统的物理后视镜，电子后视镜具有显著的优势。普通物理后视镜在驾驶过程中存在不可避免的盲区，且在雨雾、强光或弱光环境下常常出现视野不清晰的问题，增加了行车的风险性。电子后视镜通过摄像头覆盖盲区，并优化影像处理技术，确保在各种环境下提供清晰的视野，从而大大提升了驾驶的安全性。

此外，普通物理后视镜布置在驾驶室左右两侧，迎风面积较大，导致行车风阻增加。电子后视镜由于体积较小，可以显著减少风阻，提高车辆的燃油效率。近年来，电子后视镜在全球各大型车展上频繁亮相，展示了其在汽车行业中的广阔应用前景，享界 S9

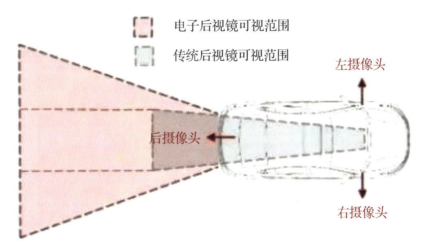

图 2-1-9　电子后视镜

已开始使用。随着技术的不断完善和普及，电子后视镜有望成为未来汽车的标准配置，进一步提升行车安全性和驾驶体验。

3.5　透明A柱

A柱在汽车构造中至关重要，因为它承载着汽车顶盖的重量。然而，在行驶过程中，A柱常常遮挡驾驶员前侧视线，形成一定角度的视觉障碍，尤其在转弯时，这种盲区极易引发交通事故。因此，消除A柱带来的视觉盲区成为人们关注的焦点。

为了解决这一问题，透明A柱应运而生，见图2-1-10。通过在外部安装摄像头，将A柱盲区的图像投射到车内的显示屏上，从而帮助驾驶员减少行车过程中的盲区。这种技术显著提高了行驶安全性，为驾驶员提供了更清晰的视野。

图2-1-10　透明A柱

4　车载显示器工作原理

车载显示器的主要性能要求包括高亮度、长寿命、快速反应和宽广的运作温度区间。当前车载显示器的主流技术路线主要包括LCD技术、OLED技术、Mini LED技术和Micro LED技术。

4.1　LCD技术

LCD（液晶显示）技术通过电流改变两片极化材料间的液体水晶溶液的排布成像，是目前车上应用最广泛的显示技术，见图2-1-11。尽管LCD技术相对成熟且成本较低，使用寿命长，但由于其结构和发光原理的限制，显示效果存在诸多劣势，如较低的对比度和色域。

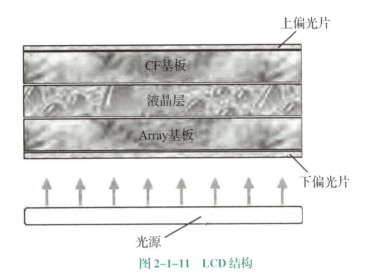

图 2-1-11　LCD 结构

4.2　OLED 技术

OLED（有机发光二极管）技术通过载流子的注入与复合产生发光，相较于 LCD，OLED 的有机发光层自发光，显示屏上的每个发光点都能通过电压控制，见图 2-1-12。因此，其色域、对比度和 HDR 效果非常好。然而，OLED 寿命较短，能承受的温度范围较窄，存在烧屏现象，因此不完全适合车规级要求。

图 2-1-12　OLED 结构

4.3　Mini LED 技术

Mini LED 是自发光技术，依靠无机发光二极管，通过精准控光实现高明暗对比和动态显示，显著提升对比度、HDR 和色域。此外，采用这种背光方案可以提升整体屏幕亮度，寿命也比 OLED 延长 3~5 倍。

4.4 Micro LED 技术

Micro LED 将 LED 显示屏微缩化至微米级，其微米级别的像素间距使其可以适配从中小尺寸到中大尺寸显示等各个应用场景。Micro LED 集成了 LCD 和 OLED 的全部优势，具有高画质、低能耗和长寿命等优点，但制造工艺复杂，生产成本高。

另外，按照目前热门的材料技术方向可分为柔性显示技术和透明显示技术。

4.5 柔性显示技术

柔性显示技术采用柔软材料制成显示屏，屏幕可以弯曲折叠，即使切断电源，内容也不会消失，因而被称作"电子纸"。柔性显示技术使车辆信息的显示更加人性化，主要包括液晶显示（LCD）技术、OLED 技术和电泳显示（EPD）技术。

柔性有源矩阵有机发光二极管（AMOLED）技术利用多层有机薄膜结构发光，分为白光 OLED（WOLED）、量子点 OLED（QD-OLED）及印刷 OLED 三种研究路线。该技术具有高亮度、高对比度和可弯曲的特点，适用于车内的曲面结构，与车身结合紧密。目前，AMOLED 的主要限制是寿命短和可靠性低。随着柔性显示技术的发展成熟，AMOLED 有望应用于车载显示仪表。

4.6 透明显示技术

透明显示技术是在 OLED 技术基础上发展而来的，采用透明材料的衬底和高透光率的透明电极。透明 OLED 显示器关闭时，透光率可达 85% 以上；开启时，从两侧均能观察到发光。一些液晶面板通过域缩减像素设计提高透过率到 20% 以上。该技术主要应用于透明车窗，提供更好的视觉体验和信息显示功能。

5 车载显示屏发展方向

随着汽车辅助驾驶、信息化和智能化概念的不断升温，车载显示屏成为人车交互的关键入口，能够向驾乘者提供更加直观和丰富的实时信息，包括导航、倒车雷达、车辆状况和多媒体影音等功能。车载显示屏的应用日益多元化，涵盖仪表、中控显示屏、后视镜、HUD（抬头显示）和娱乐系统等多种类型。柔性显示技术在车载领域的应用，将进一步满足用户对智能化的需求，加速汽车产业的升级。

车载显示屏正呈现出大屏化、高清化、交互化、多屏化和多形态化等五大发展趋势，市场需求有望量价齐升。随着功能的不断升级和对易操作性的要求提升，车载显示屏从早期的 3~4 英寸（1 英寸 =2.54 厘米）小屏幕，发展到近期的 10 英寸甚至 17 英寸，中控显示屏通常在 7~10 英寸之间。特斯拉 Model S 首次推出 17 英寸的大尺寸触控中控显示屏，显著提升了整车的科技感和驾驶体验，吸引了众多汽车厂商的效仿。例如，奔驰 SUV GLB 车型搭载双 10.25 英寸大屏，拜腾更是推出 48 英寸的超大中控显示屏，推动了车载显示屏尺寸和价值的提升。根据 IHS Markit 的统计，2018 年全球市场汽车中控显示屏的平均尺寸为 7.7 英寸，预计到 2025 年将扩大到 8.9 英寸，见图 2-1-13。

图 2-1-13 车载显示屏发展

6 主机厂显示屏应用介绍

● 吉利银河 E8

采用 45 英寸 8K 一体式贯穿屏，同时集仪表、中控、副驾于一屏，见图 2-1-14。

图 2-1-14 吉利银河 E8 座舱

与当前市面上三屏拼凑的方式有所不同，一块屏幕从主驾驶贯穿至副驾驶，屏幕每个区域均可独立操作。

● 极越 01

35.6 英寸 6K 超清一体大屏不割裂、不遮挡、不拼接，拥有 95% NTSC 高色域和 10000∶1 超高对比度，见图 2-1-15。

图 2-1-15　极越 01 座舱

● 问界 M9

问界 M9 全车满配 10 屏，包括一体环宇三联屏、4 块后座屏、华为临境抬头显示系统、华为百万像素智慧投影大灯、车规级投影巨幕等，见图 2-1-16。

图 2-1-16　问界 M9 座舱

● 小米 SU7

以人为中心的座舱交互架构，多屏之间可以相互联动。16.1 英寸 3K 中控屏、7.1 英寸翻转式仪表屏、56 英寸抬头显示系统，进入座舱满满科技感，见图 2-1-17。

图 2-1-17　小米 SU7 座舱

7　国内外车载显示屏厂商

● 大陆集团

在 CES 2024 展览会期间，大陆集团发布了一款非常奇特的新产品——由施华洛世奇水晶打造的、采用独特切割形式的汽车中控大屏。车机屏幕使用的立体水晶面板采用了独特的磨削技术进行切割，材质上兼顾了精致和耐用性，其显示技术采用了 Micro LED，号称能够满足车内使用要求的光学、技术层面挑战。此外，这块车机屏幕还具有透明特性，用户能够看到它背后完整的中控台，见图 2-1-18。

图 2-1-18　Micro LED 车载显示屏

● **京东方**

首发超大尺寸 Oxide 智能座舱——45 英寸 9K 氧化物 Mini LED 车载贯穿屏，借助 Oxide 产品的高电子迁移率优势实现 9K 超高分辨率和 90Hz 超高刷新率，采用玻璃基 MLED 背光可实现 6048 超高分区顶级画质、百万级超高对比度和 1500nits 亮度显示效果，见图 2-1-19，可有效降低 20%~30% 功耗；此外，京东方还联合康宁应用了冷弯成型技术，通过在室温条件下使玻璃弯曲来打造环抱式曲面设计，以更加绿色环保的生产工艺引领行业可持续发展。

图 2-1-19 京东方车载显示屏

● **TCL**

TCL 华星复合功能驾驶座舱集成 42.7 英寸超大异形车载一体式显示屏、10.1 英寸智能透明 OLED 触控屏、5.1 英寸抬头显示、14 英寸高屏占比超薄柔性 OLED 显示屏，带来多元一体的车载显示解决方案，见图 2-1-20。除单个屏幕的功能，产品还将多种互动功能融于一身，包括 10.1 英寸智能透明 OLED 触控屏实现 5.1 英寸抬头显示开关、42.7 英寸副驾防窥功能开关、游戏和娱乐家长模式、多人娱乐模式、亮度及音量调节等功能，实现人机交互体验升级，为智能终端创造更多可能。

图 2-1-20 TCL 车载显示屏

技能实训

思考与练习

选择题

1.车载显示的主要功能是车载信息娱乐系统的显示部分，主要功能是驾驶辅助和（   ）。

A.听觉反馈   B.娱乐

C.安全   D.边缘计算

2.车载信息显示系统的显示部分被称为什么？（   ）

A.车载屏幕   B.仪表

C.电子座舱   D.车载显示屏

3.车载显示的发展历史中，哪个阶段首次应用了阴极射线管（CRT）显示技术？（   ）

A.机械化时代   B.电子化阶段

C.智能化阶段   D.透明 A 柱阶段

4.LCD 技术是通过什么来改变液晶溶液的排布成像的？（   ）

A. 电压   B. 光线

C. 磁场   D. 温度

5.OLED 技术相较于 LCD 技术的优势是什么？（   ）

A. 成本低   B. 寿命长

C. 显示效果更好   D. 适应温度范围广

6. 透明显示技术的主要应用产品是什么？（   ）

A. 智能手机   B. 电视机

C. 电子纸   D. 车窗

判断题：

1. 车载信息显示系统的功能主要包括驾驶辅助和娱乐。（   ）

2. 电子化阶段是 20 世纪中叶汽车开始配置机械式仪表的阶段。（   ）

3.OLED 技术的寿命比 LCD 技术长。（   ）

4. 透明 A 柱的主要功能是承载汽车顶盖的重量。（   ）

5. 车载显示器的发展方向包括大屏化、高清化、多形态化等。（   ）

拓展训练

1 实验设施

登录"智能座舱 SOA 原子服务管理平台"（网址：http://yunxiaochan.com）。

2 任务实施

2.1 构思智能座舱场景

问题思考：在当今快节奏的工作生活中，独自带娃出行的场景屡见不鲜。由于孩子们往往活泼好动，这难免会让驾驶员分心。请思考要如何利用车载显示屏来减轻驾驶员带娃的困扰？

解决方案：通过思考创建一套"带娃模式"场景，由车载显示屏自动化工作，从而减轻驾驶员带娃的困扰。

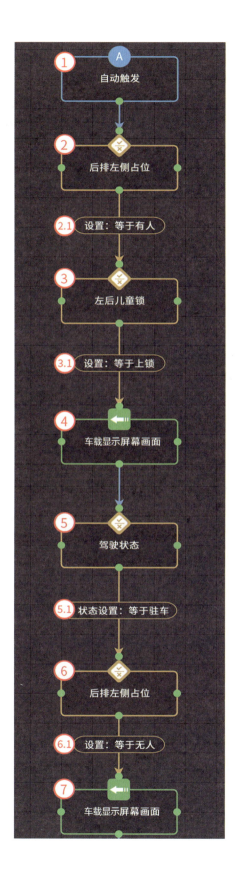

2.2 详细设置

实验步骤			
① 自动触发 **场景开始条件** （1）初始状态 电源模式：RUN （2）设开始方式 驾驶状态等于行驶	② 后排左侧占位 **设置判断条件** 座椅	2.1 设置：等于有人 **分支1** 后排左侧占位等于有人 流转至③	③ 左后儿童锁 **设置判断条件** 儿童锁
3.1 设置：等于上锁 **分支1：** 左后儿童锁等于上锁 流转至④	④ 车载显示屏幕画面 **设置执行结果** 车载显示屏幕画面： 左后屏应用 视频播放类型：儿童 视频播放状态：播放	⑤ 驾驶状态 **设置判断条件** 驾驶状态	5.1 状态设置：等于驻车 **分支1：** 驾驶状态等于驻车 流转至⑥
⑥ 后排左侧占位 **设置判断条件** 座椅	6.1 设置：等于无人 **分支1：** 后排左侧占位等于无人 流转至⑦	⑦ 车载显示屏幕画面 **设置执行结果** 左后屏应用： 视频播放状态：暂停	⑧ 后排左侧占位 **设置判断条件** 座椅
8.1 设置：等于有人 **分支1：** 后排左侧占位等于有人 流转至⑨	⑨ 左后儿童锁 **设置判断条件** 儿童锁 分支1 左后儿童锁等于上锁	9.1 设置：等于上锁 **分支1：** 左后儿童锁等于上锁	⑩ 车载显示屏幕画面 **设置执行结果** 左后屏应用： 视频播放状态：播放

续表

实验步骤			
设置退出 （1）电源模式等于 OFF （2）主驾占位等于无人 （3）后排左侧占位等于无人			

2.3　运行检验

点击运行，检查运行结果。

任务二　抬头显示系统

● 知识目标

1. 理解车载抬头显示（HUD）系统的定义、发展历史、分类及应用场景。

2. 掌握 HUD 在车辆安全、驾驶体验、智能座舱等方面的作用和优势。

3. 理解 AR-HUD 的核心显示技术。

4. 了解 HUD 的未来发展方向，包括安全类、效率类、支付类以及元宇宙等方面的应用。

5. 列举主机车厂 HUD 的应用案例。

● 技能目标

1. 能够区分不同类型的 HUD（C-HUD、W-HUD、AR-HUD），并了解其工作原理和特点。

2. 具备分析和评价 HUD 在安全驾驶、智能座舱、娱乐功能等方面的能力。

3. 能够解释和应用 V2V 和 V2I 技术在 HUD 中的应用，以及其对车辆安全和交通效率的作用。

4. 掌握 HUD 测试技术，包括硬件测试和软件测试的内容和方法。

● 素养目标

1. 培养团队合作和沟通能力，创新意识和解决问题的能力。

2. 培养学生成为思想政治素质过硬、道德情操高尚、身心素质健康的技术人才。

3. 培养学生热爱祖国、为全面推进中华民族伟大复兴团结奋斗的责任感和使命感。

1　HUD 基本概念

车载抬头显示（Head Up Display，HUD）系统，又称平视显示系统，通过光学原理将车速、导航、ADAS 等信息实时显示在车辆前方。其主要作用是避免驾驶员低头或转移视线带来的安全隐患，同时提升智能座舱的使用体验，使导航更加智能化，车况显示更丰富和便利。

2　HUD 的发展历史

HUD 技术最早应用于军事飞行器。1960 年，美国海军的 A-5 舰载机成为第一台装有 HUD 的战斗机，该系统能够显示部分导航信息和武器信息。直到 20 世纪 80 年代初，HUD 技术才开始应用于民用客机，主要用于提供导航信息，见图 2-2-1。1988 年，通用汽车首次将 HUD 技术应用于汽车，并在一款装有夜视系统的车型上安装了 HUD 系统，使得夜视系统识别到的红外图像可以通过 HUD 直接投射到驾驶员前方的视野中。

图 2-2-1　民用客机上 HUD 显示的飞行信息

3　HUD 的分类

根据显示屏的不同，HUD 可分为 C-HUD（Combiner HUD）、W-HUD（Windshield HUD）、AR-HUD（Augmented Reality HUD）3 种类型，其中 AR-HUD（增强抬头显示）是继 C-HUD、W-HUD 之后的第三代 HUD 产品。

3.1　C-HUD

C-HUD 利用仪表台上方加装的半透明树脂玻璃为介质，将仪表上的相关信息反射在树脂玻璃上，形成虚像投影。这种方式能显示简单的图形和文本（图 2-2-2），存在成像尺寸有限、效果不佳等缺陷，正在逐步被淘汰。

图 2-2-2　C-HUD

3.2　W-HUD

W-HUD 取消了 C-HUD 中的半透明树脂玻璃，通过光学反射原理将与驾驶相关的信息投射到前挡风玻璃上（图 2-2-3），形成虚像。由于成像区域不再受限于树脂玻璃，W-HUD 具有更大的显示区域，通常可达 13 英寸以上，成像质量和视野也优于 C-HUD。然而，由于挡风玻璃通常为曲面反射镜，W-HUD 需要根据挡风玻璃的尺寸和曲率适配高精度曲面反射镜。W-HUD 因其技术成熟度高、成本低、成像效果理想，目前在车载 HUD 的应用中处于主流地位。

图 2-2-3　W-HUD

3.3 AR-HUD

AR-HUD（图 2-2-4）在 W-HUD 的基础上，结合摄像头、雷达等感知硬件，通过数据和算法以及 AR 和高精地图等技术，对所采集的数据进行毫秒级别的建模。利用车辆前挡风玻璃为介质，在车辆前方形成投射虚像，实现数字信息与实景交通的深度融合。AR-HUD 的虚像距离（VID）和视场角（FOV）都比 W-HUD 更大，因而呈现的虚像区域更广，提供更全面的驾驶信息和体验。

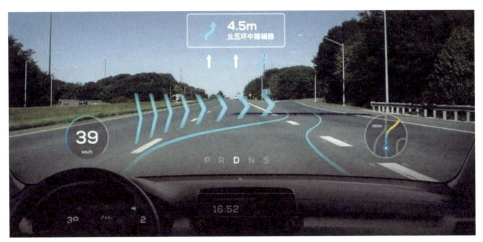

图 2-2-4 AR-HUD

在汽车智能化的进一步推动之下，AR-HUD 方案结合了 AR、ADAS 等技术对行车导航、车辆周围景物进行增强显示（图 2-2-5），通过预告路况、行人等预警信息及时对驾驶员做出提醒，以此来降低可能的驾驶风险。此技术在汽车智能化的带动下，将成为在未来对车载信息进行显示的重要技术手段。

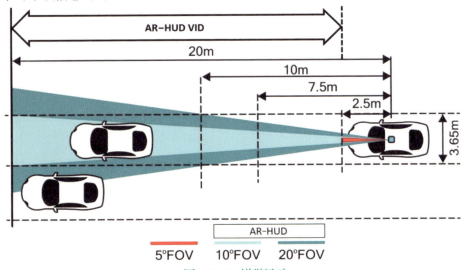

图 2-2-5 增强显示

4 HUD 应用场景

4.1 安全提醒

　　HUD 通过醒目的危险警示符号，及时提醒驾驶员注意其他道路参与者，助力行车安全。在繁华闹市区，行车环境复杂，突然出现的行人、自行车和加塞车辆常常让驾驶员措手不及。尽管 ADAS 功能能够有效监测前方障碍物，但 HUD 可以在这些障碍物出现时，自动将醒目的危险警示符号投射到前方的车辆、行人和非机动车上，以最直观的方式帮助驾驶员获取危险信息，及时采取应对策略，实现安全驾驶，见图 2-2-6。

图 2-2-6　安全提醒

4.2 提升极端环境下的驾驶安全

　　在雨雾等极端天气下，驾驶员的能见度变低，视野变窄，容易引发交通事故。HUD 可以将摄像头、激光雷达和毫米波雷达等检测到的行人、障碍物和周边车辆行驶方向等信息直接呈现在驾驶员面前，提升车辆在极端环境下的驾驶安全，见图 2-2-7。

图 2-2-7　极端环境下的驾驶安全

4.3 沉浸式体验智能化信息

　　HUD 可以在驾驶员视场角内呈现导航信息，避免低头查看导航信息引起注意力分散。AR-HUD 具有更远的成像距离，可以将图像投影至驾驶员前方至少 7m 距离的位置，将远景、细节信息清晰显示，见图 2-2-8。此外，更大的视场角使显示内容覆盖多车道信息，实现 AR 信息直接显示在实景路面上，与现实环境进行互动，达到一目了然的效果。

图 2-2-8　远景、细节信息清晰显示

4.4　驻车场景下，高清大画幅 AR-HUD 让畅玩游戏影院级观影成为现实

体验车载影院。AR-HUD 可将超大电影画面直接显示在视线正前方，让观影无须低头，配合音响设备，可让前排驾乘人员真正享受影院级观影体验，见图 2-2-9。

图 2-2-9　影院级观影体验

沉浸趣味游戏。汽车正在变得更加有趣，电子游戏将是视频体验之外又一热门车载娱乐功能，AR-HUD 让车载游戏以大画幅呈现的同时，还可以与现实融合，并实现协同游戏，极大地增加了车载游戏的趣味性。

视频交流更自然。通信是汽车用户必不可少的用车需求，社交软件已经培养了人们视频通信的社交习惯，车载视频通信需求旺盛，但传统车载屏幕无法提供直视通信效果。AR-HUD 结合车内摄像头可直接将视频通话画面信息投射到挡风玻璃上，驾驶员无须低头，目视挡风玻璃即可视频通话，让通信更自然。

5 HUD 的发展方向

HUD 作为车内的"第一屏"，未来将成为智慧城市信息的车载可视化窗口。通过 HUD，驾驶员可以直接在汽车挡风玻璃上看到通过无线通信技术和感知技术获取的智慧城市信息。这些信息不仅包括智能座舱和导航指示，还涵盖车道偏离预警（LDW）、自适应巡航控制（ACC）指示灯等 ADAS 相关功能。HUD 为驾驶员提供了沉浸式体验，使他们在不离开道路视线的情况下，获取关键的 V2X 信息。

此外，AR-HUD 将进一步拓展汽车座舱的功能，使其成为信息、娱乐和广告的载体。通过整合安全、效率、支付和元宇宙等多种应用，AR-HUD 将使汽车场景真正成为用户的"第三空间"，架起现实生活与数字世界的桥梁。

5.1 安全类

AR-HUD 最重要的实际应用是安全类信息的呈现，通过增强现实和人工智能技术，AR-HUD 将必要的安全信息投影到挡风玻璃（图 2-2-10），使用户能够意识到潜在的危险，而不会分散注意力或妨碍他们的道路视野。此外，如果用户的注意力开始分散，该系统还可以将其注意力重新引回道路上，确保驾驶安全。

5.1.1 V2V（Vehicle to Vehicle）

V2V 技术的基础作用是车辆间相互交流车速和位置信息，并进一步延伸到实时共享路况信息、紧急交通事故等信息。AR-HUD 通过 V2V 车—车通信，融合车辆定位、速度、方向、预警等方面的信息，将车—车协同相关安全信息呈现在 AR-HUD 上。

前向碰撞：通过 ADAS 与 V2V 通信结合时刻监测前方车辆，当存在潜在前车碰撞危险时以增强现实的方式在挡风玻璃的视野上标记前车并报警，使驾驶员无须低头即可看到本车与前车之间的距离、方位及相对速度。

盲区预警：通过 V2V 通信实时获取周边车辆行驶状况及其他周边信息，当检测到车辆侧后方盲区有障碍物时，系统综合收到的信息计算出盲区警示提示方案，并通过 AR-HUD 将侧后方盲区物体的警示信息投射到前挡风玻璃上，辅助驾驶员判断障碍物位置，

定位　　　　　速度　　　　　方向　　　　　预警

图 2-2-10　V2V 技术

并采取相应的驾驶行为，防止碰撞，提高行车安全性。

逆向超车预警：获取 V2X 通信消息集并解析得到本车与目标车辆的运动状态，计算加速超车时本车与目标车辆的安全距离，判断是否存在逆向超车安全风险。在 AR-HUD 的挡风玻璃视野标记超车目标及预定路线，并进行预警。

异常车辆预警：接收预设范围内的道路行驶车辆发送的动态信息，计算规划得出车辆对应的预测行驶轨迹，监测车辆行驶状态。如果目标车辆发生行车突变，AR-HUD 会以增强现实的方式在挡风玻璃上标记突变车辆，并对该车辆进行持续监控，若该车辆发生预设异常动作，系统会发出警报，并向周边车辆发送异常车辆预警信息。

协同驾驶：在车队协同驾驶过程中，通过 V2V 通信收集车队内车辆的驾驶信息与道路安全信息，融合车况信息和路况信息形成驾驶建议，并在 AR-HUD 挡风玻璃上呈现车队车辆标记和关键路况信息，提供加速、超车、减速等行车建议。

感知共享：车辆行驶过程中采集到的车况信息和道路安全信息，通过 V2V 通信进行信息共享、融合。在 AR-HUD 上呈现的信息不仅基于本车的传感器系统，还基于整个道路车联网系统的融合数据，这将成为 V2V 技术与 AR-HUD 技术融合的重点，推动车辆信息感知全面共享。

5.1.2　V2I（Vehicle to Infrastructure）

V2I（Vehicle to Infrastructure）技术的主要功能是车辆与道路基础设施之间的通信，提供道路交通信息与路况信息，进行危险预警和信号灯提示。通过 V2I 技术，车辆与道路基础设施互联，可以在 AR-HUD 上显示道路信息和安全提示，见图 2-2-11。

| 路口 | 信号灯 | 警示 | 行人 |

图 2-2-11　V2I 技术

道路危险预警：通过 V2I 技术实现对车况与道路情况的感知，如车速、运行方向、车与路边的距离等。系统将这些信息与车辆进行通信，并在挡风玻璃上显示前路面标注路边距离、运行方向和压线预警，将紧急情况通过 AR-HUD 显示和预警。

限速预警：结合高精地图数据和实际路况 V2I 信息，若车速超过当前道路限速，AR-HUD 将显示当前道路的限速信息和自身车辆速度，提示已经超速，使驾驶员无须低头即可清楚了解车速情况。

闯红灯预警：结合高精地图数据和实际路况 V2I 信息，对路口前车速、车距进行预判，在 AR-HUD 前挡风玻璃上通过增强现实标记前方交通灯，并进行红灯预警，帮助驾驶员避免闯红灯。

VRU（Vulnerable Road Users）预警：通过 V2I、V2P 等技术以及车内激光雷达、红外夜视等传感器融合感知行人位置，并将其投影在 AR-HUD 的挡风玻璃上，对驾驶员进行提示，提供车辆周围行人的预警信息，确保行人安全。

路径引导：通过 V2I 技术对驾驶员的驾驶路径进行监督，向车辆传输路况信息，将决策结果如制动引导、跟车距离警示和路径方向引导以增强现实的方式投影在 AR-HUD 上，驾驶员无须查看另外的导航，直接跟随路面投影行驶，减少分神所带来的危险。

5.2　效率类

随着辅助驾驶和自动驾驶技术的逐步完善，实景路况与前挡风玻璃投影配合显示将改变驾驶员的交互方式，提升交互效率。V2I 技术在这方面的具体应用见图

2-2-12。

路口　　　　　　　信号灯　　　　　　　拥堵

图 2-2-12　改变交互方式

绿波引导：通过 V2I 通信技术获取当前道路车流平均速度，实时调整绿波引导速度，将通行状况及建议车速通过 HUD 显示，为驾驶员提供前方路口交通信号灯的预报信息，帮助驾驶员以最佳速度通过多个绿灯，提升通行效率。

拥堵提醒：利用 V2I 技术获取当前道路的路口、交通灯和车流量信息，系统融合道路信息计算出车辆预定路线上的拥堵程度。AR-HUD 会增强现实的方式提醒驾驶员更换路线，并实时更新挡风玻璃上的引导路线投影，避免驾驶员陷入交通拥堵，提高行车效率和体验。

5.3　支付类

近场支付：在智能驾驶和智能座舱的双智融合发展中，汽车行业为智慧交通和智慧城市创造了更多商业机会。未来，车辆将能够从 V2I 信息中感知到支付需求，并将其显示在 AR-HUD 上。驾驶员可以通过触控、凝视、点头等交互方式进行确认，从而完成支付，见图 2-2-13。这种近场支付方式不仅简化了支付流程，还提升了驾驶的便捷性和安全性，使得智慧交通系统更加高效和智能化。

图 2-2-13　近场支付

5.4　元宇宙

目前，以 VR 和 AR 为主体的狭义元宇宙产业链，与汽车上的 AR-HUD、智能座舱和智能辅助驾驶等功能有不少重合之处。因此，汽车有望成为连接三维物理世界和元宇宙的超级智能硬件。作为智能汽车的"第一屏"，AR-HUD 承担着最重要的人机交互功能。

未来，AR-HUD 将通过 V2X（车联网）技术持续加强车辆与道路之间的通信，扩展更多应用场景。它不仅能为驾驶员提供实时的交通信息和安全提示，还能将虚拟信息与现实环境相结合，搭建起现实世界与虚拟世界的桥梁。这将使得智能汽车在元宇宙中发挥更大的作用，进一步提升驾驶体验和车辆的智能化水平。

6　AR-HUD 的工作原理

AR-HUD 的显示原理是离轴三反射镜光学系统，用一束光打在玻璃上产生一个虚像，再折射、放大、反射进人眼，见图 2-2-14。PGU（Picture Generation Unit）成像单元是 AR-HUD 的核心，直接影响 HUD 的成像效果与产品化成本等。目前 PGU 主流成像技术主要有 3 种：TFT-LCD、DLP 和 LCoS，成像技术的工作原理不同，在 HUD 上的应用表现存在很大差异。

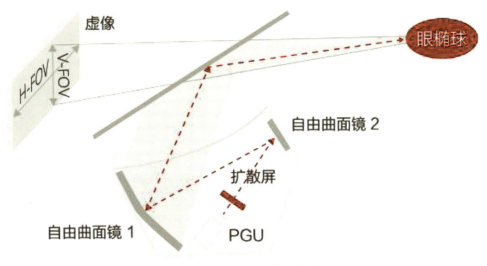

图 2-2-14　AR-HUD 的显示原理

TFT-LCD 是最常见且应用最广泛的抬头显示光机类型，其具有技术成熟、成本低的优点，清晰度高。但是同时也存在热管理难度大、亮度对比度有限、视场有限、清晰度有限的问题。

DLP 具有高亮度、高对比度、高可靠性的优势，在温控领域存在显著优势，可有效解决阳光倒灌问题。但是同时 DLP 光机也存在机械稳定性较差、成本较高以及支持 2K 分辨率较困难的问题。

LCoS 相较于 DLP，具有高分辨率、高对比度、高可靠性（同分辨率下）、体积小等优势。但由于光源是偏光带上太阳镜后将无法看清内容，存在散斑、价格高的问题。

7　HUD 测试技术

当车辆行驶时，HUD 的短时间动态效果是用户明显能感知到的。例如，当车辆经过颠簸路面时，图像是否抖动，以及调整虚像高度时是否有难以接受的噪音和异响。此外，用户长期使用时，也会注意到机械结构的强度和疲劳对光学效果的影响，如成像质量的下降。在 HUD 的开发过程中，必须考虑其在实际使用中的各种挑战，如高温、低温和冲击等。因此，HUD 的测试成为行车安全的重要环节。HUD 测试分为硬件测试和软件测试。

7.1　硬件测试

硬件测试大体分为 3 种：板级参数测试、整机电气测试、EMC 测试。

板级参数测试：主要是针对印制电路板组装连接后（图2-2-15）的测试，常见的测试有阻值大小、电压大小、电流大小和波形等。HUD根据测试深度、主板复杂程度等有数量不等的测试条目。

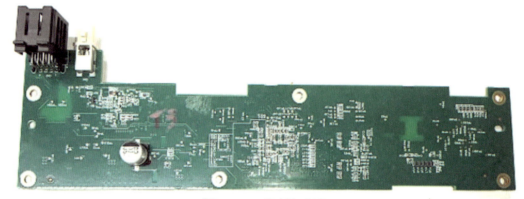

图 2-2-15 印制电路板

整机电气测试：电路板之间（如主板与TFT电路板连接）、电路板与其他零部件（如电路板与步进电机连接）以及电路板与机壳面板等连接后的测试，常见的测试有长时间过压、复位测试等。一般有十几条测试条目需要在试验过程中进行。

EMC测试：又叫作电磁兼容（EMC），指的是对电子产品在电磁场方面干扰大小（EMI）和抗干扰能力（EMS）的综合评定，是产品质量最重要的指标之一，电磁兼容的测量由测试场地和测试仪器组成。虽然是电子相关的实验，但HUD进行EMC测试都是用整个HUD产品进行实验的，因为壳体的材料、板子与壳体是否连接等外部环境，对试验结果有较大的影响。

7.2 软件功能测试

软件功能测试，即测试软件所实现的最终功能，HUD的软件测试拥有一套完整的系统生态，测试内容众多，包括：图像畸变（Warping）、生产线下线检测仪测试（EOL）、休眠唤醒、亮度调节、位置调节、状态码（DTC）、网络管理、物理层/应用层/链路层一致性测试、电源管理、显示功能和诊断功能等，见图2-2-16。与代码走查等其他类型的软件测试不同，软件功能测试主要是对产品由软件最终实现的功能进行台架确认。通常会针对各个模块设置数十条甚至上百条测试用例进行详细确认。

图 2-2-16　软件功能测试

8　主机厂 HUD 应用介绍

8.1　奔驰 S 级

从 2020 年 9 月，奔驰 S 级轿车成为首个搭载 AR-HUD 的量产车型，加快了 AR-HUD 的上车应用，其虚像显示距离为 33 英尺（10 米），等效于 77 英寸显示器，见图 2-2-17。

图 2-2-17　奔驰 S 级 AR-HUD

8.2 上汽飞凡 R7

装备了业内最大视场角（13°×5°）的 AR-HUD，分辨率达 1920 像素×730 像素，见图 2-2-18。显示导航、实时 ADAS，并且具有充电站、停车场等地理位置周边信息（POI）推荐及驻车环境的巨幕影音播放。

图 2-2-18　上汽飞凡 R7

8.3 长城 WEY 摩卡

其 AR-HUD 是在 W-HUD 的基础上，融进 AR 导航、辅助驾驶等信息，并融合前方实景增强显示，WEY 摩卡的 HUD 分为 3 个区域，右侧显示导航信息，中间是 AR 动态引导，左侧是限速、时速和定速巡航信息，显示画面可以覆盖 3 个车道，见图 2-2-19。

图 2-2-19　长城 WEY 摩卡

8.4 红旗 E-HS9

其 AR-HUD 的投影距离达到了 7.5m，全彩可视距离覆盖 40m，投影面积达 44 英寸，见图 2-2-20。在汽车的自动行驶过程中，AR-HUD 可以实时显示出前面的汽车的情况，突出显示出危险的物体，从而提高行车的安全性。

图 2-2-20   红旗 E-HS9

9 国内外 HUD 厂商

9.1 华为

华为通过对 LCoS 技术进行升级，推出了自研 HUAWEI xHUD AR-HUD，采用车规级 LCoS（微米级像素单元、2K 级分辨率）、3 色 LED 光源（入眼亮度 12000nits，色域 NTSC > 85%），短焦镜头（成像更清晰、畸变 < 2%），偏振组件（光能量利用率 90%，对比度 1200∶1），可实现量产最大画幅（7.5m 处 70 英寸、10m 处 96 英寸）和最高分辨率（1920 像素 ×730 像素）。

9.2 哈曼

哈曼推出了 Ready Vision QVUE & AR-HUD，改变了常规的 HUD 显示方式，将挡风玻璃底部实现贯穿式投影，为驾驶者提供关键的信息，见图 2-2-21，如里程、速度、驾驶数据和警报，易于阅读的同时不阻碍道路视线，也为车内所有乘员提供开阔的视野。采用三星 Neo QLED 技术，具有卓越的高分辨率显示效果，色彩鲜艳，光学效果优越。

图 2-2-21 哈曼的 Ready Vision QVUE & AR-HUD

9.3 海信

海信的激光全息 HUD 采用了行业领先的全息显示技术,而激光是可以完美匹配全息技术的光源,见图 2-2-22。与传统的车载 HUD 使用的 LED 显示方案不同,海信的全息激光显示方案色彩表现力相比 LED 能提升 48%。这种大幅提升的色彩表现力,可以让驾驶者使用激光车载 HUD 进行导航时,看见更清晰的道路引导。

图 2-2-22 海信的激光全息 HUD

技能实训

思考与练习

单选题：

1.HUD 技术最早应用在哪一领域？（   ）

A. 汽车   B. 军事飞行器

C. 家用电器   D. 移动通信设备

2. 通用汽车首次将 HUD 技术应用于汽车的年份是（   ）。

A.1980 年   B.1990 年

C.1988 年   D.2000 年

3. 下列哪种 HUD 类型利用半透明树脂玻璃为介质？（   ）

A. C-HUD   B. W-HUD

C. AR-HUD   D. 所有类型都使用半透明树脂玻璃

4.AR-HUD 是基于哪项技术的第三代 HUD 产品？（   ）

A. W-HUD   B. V2V

C. C-HUD   D. 高精地图技术

5.AR-HUD 所呈现的虚像区域相对于 W-HUD 更（   ）。

A. 窄   B. 平坦

C. 狭窄   D. 广

6. 在哪一项中，HUD 技术主要用于提供导航信息？（   ）

A. 安全提醒

B. 极端环境下的驾驶安全

C. 沉浸式体验智能化信息

D. 驻车场景下的娱乐功能

7.V2V 技术最基础的作用是相互交流什么信息？（   ）

A. 音频信息

B. 车速和位置信息

C. 音视频信息

D. 导航信息

8. 下列哪项不是 V2I 技术的功能？（   ）

A. 限速预警

B. 前向碰撞预警

C. 行人位置标注

D. 前方障碍物检测

9. 下列哪项不是软件功能测试的内容？（   ）

A. 显示功能

B. 音频功能

C. 亮度调节

D. 位置调节

10. AR-HUD 的核心显示技术中，TFT-LCD 的优点之一是什么？（   ）

A. 成本低

B. 体积小

C. 高分辨率

D. 机械稳定性好

判断题：

1. HUD 技术最初应用于民用客机。（   ）

2. AR-HUD 是基于 V2I 技术实现的。（   ）

3. 整机电气测试主要针对印制电路板组装连接后的测试。（   ）

4. 软件功能测试是对产品的硬件功能进行台架确认。（   ）

5. LCoS 光机具有价格低廉的优势。（   ）

6. AR-HUD 的核心显示技术中，DLP 具有成本较低的优势。（   ）

7. HUD 测试分为硬件测试和网络测试两种。（   ）

8. V2I 技术最主要的功能是车辆与道路基础设施间交流车速和位置信息。（   ）

9. AR-HUD 将作为未来汽车座舱的信息、娱乐和广告的载体。（   ）

10. V2V 技术主要作用是实时共享车辆位置信息。（   ）

1　实验设施

登录"智能座舱 SOA 原子服务管理平台"（网址：http://yunxiaochan.com ）。

2　任务实施

2.1　构思智能座舱场景

问题思考：随着 AR-HUD 技术的成熟与装载量的提升，"第三空间"的影院级观影感受将进一步得到提升，请思考基于 AR-HUD 进行观影，座舱要如何提供优质的观影环境。

解决方案：通过思考创建一套"影院模式"场景，如何在使用 AR-HUD 播放影片的同时，配合智能座舱的多种功能，营造出理想的观影环境。

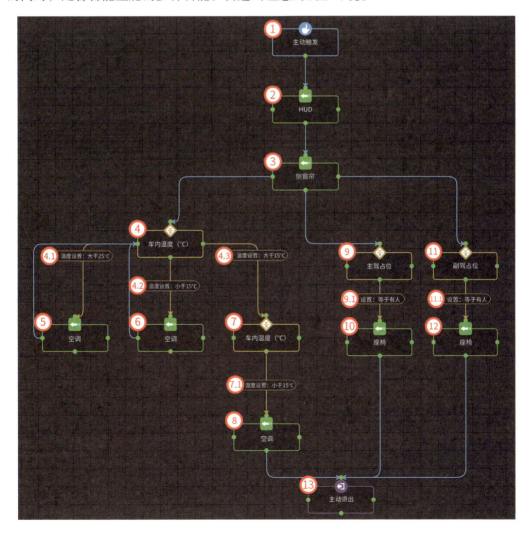

2.2 详细设置

实验步骤

场景开始条件 （1）初始状态 电源模式：OFF 驾驶状态等于驻车 （2）设置开始方式 手动开启	**设置执行结果** HUD： 播放类型设置：视频	**设置执行结果** 侧窗帘： 左前窗帘开关等于关闭 左后窗帘开关等于关闭 右前窗帘开关等于关闭 右后窗帘开关等于关闭	**设置判断条件** 环境温度：车内温度

分支1： 环境温度：车内温度大于等于25℃ 流转至⑤	分支2： 环境温度：车内温度小于等于15℃ 流转至⑥	分支3： 环境温度：车内温度大于15℃ 流转至⑦	**设置执行** 空调： （此动作完成后，循环至"环境温度：车内温度"直至判断结果为分支3） 主驾空调模式设置：吹脸吹脚和除霜 主驾空调温度设置：16℃ 空调开关设置：打开 空调内外循环状态：外循环 空调A/C模式设置：开启 空调风量调节：7挡

续表

实验步骤			

设置执行

空调：

（此动作完成后，循环至"环境温度：车内温度"直至判断结果为分支3）

主驾空调模式设置：吹脸吹脚和除霜

主驾空调温度设置：30℃

空调开关设置：打开

空调内外循环状态：外循环

空调风量调节：7 挡

设置判断条件

环境温度：车内温度

分支 1：

环境温度 – 车内温度小于 15℃

流转至⑧

设置执行

空调：

（此动作完成后，流转至退出，整体流程完毕）

主驾空调模式设置：吹脸

主驾空调温度设置：21℃

空调开关设置：打开

空调内外循环状态：外循环

空调 AUTO 模式设置：开启

空调风量调节：3 挡

设置判断条件

座椅：主驾占位

分支 1：

主驾占位等于有人

流转至⑩

设置执行结果

座椅

主驾按摩模式设置：波浪

主驾按摩强度设置：二级

主驾前后位置设置：100

主驾靠背位置设置：50

主驾腿托调节设置：60

设置判断条件

座椅：副驾占位

续表

实验步骤			
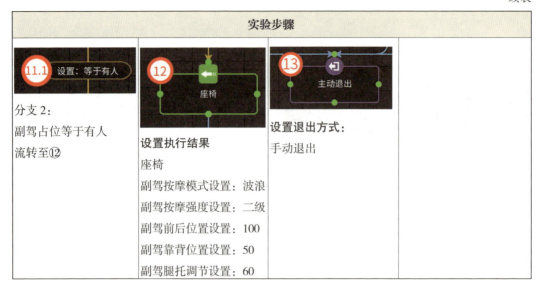 分支2： 副驾占位等于有人 流转至⑫	**设置执行结果** 座椅 副驾按摩模式设置：波浪 副驾按摩强度设置：二级 副驾前后位置设置：100 副驾靠背位置设置：50 副驾腿托调节设置：60	**设置退出方式：** 手动退出	

2.3　运行检验

点击运行，检查运行结果。

任务三　智能表面

- **知识目标**

1. 理解智能表面的基本概念和发展历程。

2. 掌握智能表面技术的发展趋势和未来方向。

3. 能够分析主机车厂和国内外智能表面应用案例。

- **技能目标**

1. 能够理解智能表面的核心技术原理。

2. 能够分析和比较不同智能表面技术的优缺点。

3. 能够通过实验或案例研究，对智能表面进行测试和评估。

- **素养目标**

1. 培养批判性思维能力，能够对智能表面技术进行深入分析和评估，形成独立的见解。

2. 培养团队合作和沟通能力，能够与同学合作完成项目或任务，共同探讨智能表面技术的发展趋势和未来应用。

3. 培养学生热爱祖国、为全面推进中华民族伟大复兴团结奋斗的责任感和使命感。

1　智能表面基本概念

汽车智能表面（Smart Surface）是一种集成了多种智能功能的汽车内饰表面技术。它通常指的是车内表面，如仪表、中控台、门板等，这些表面被设计成可以实现触控操作、显示信息、提供交互反馈等功能，见图 2–3–1。

图 2-3-1　汽车智能表面

2　智能表面的发展历程

将材料的透光属性与装饰属性结合是实现智能装饰的前提。因此内饰智能表面装饰技术发展可以分为三个阶段：

·第一阶段：实现透光硬质装饰材料（如透光 INS、透光 IML、透光 TOM 等）与带控制逻辑的光电显示等功能集成（如光源呼吸点亮、流水效果的模内装饰膜片、真木装饰等）

·第二阶段：实现软质透光装饰材料与带控制逻辑的光电显示功能集成（如透光革、透光织物等）

·第三阶段：实现装饰材料光电显示、智能操控（如手势操控、智能触摸、声音控制等）等多功能集成

3　汽车智能表面工作原理

智能表面技术是指通过在表面层添加或集成感应器、执行器、显示器和其他电子元件，使得这些表面具备感知环境、响应输入和交互功能的能力。目前主流的智能表面技术包括 IMD、IME、TOM 3 种。

IMD（In-Mold Decoration，模内装饰技术）是一种集成型的制造工艺，通过在塑料注射成型过程中将图像、颜色或图案直接嵌入塑料部件中，实现高耐用性和复杂多样的视觉效果。这种技术使得装饰层与塑料部件融为一体，具有较高的耐久性和美观度。

IME（In-Mold Electronics，模内电子技术）是一种将电子电路和功能性元件直接集成到塑料部件的制造过程。这项技术通过在塑料成型过程中嵌入电子功能，实现了轻薄、柔

性的电子解决方案，特别适合于创造具有触摸感应、照明和电子显示功能的三维形状产品。IME 技术在智能表面应用中具有高度集成和多功能性的优势。

TOM 是一种高拉伸性覆哑膜工艺，因其膜片具有优良的成形性和较高的屈伸率（一般为 250% ~ 300%）。TOM 技术可以完成高质量的三维表面装饰效果，属于三次元的外观装饰技术。这种工艺能够实现复杂形状和高精度的装饰效果，使得产品在外观和功能上更加出色。

通过 IMD、IME 和 TOM 技术的应用，智能表面技术不断进步，为各种产品提供了更加美观、耐用和功能丰富的解决方案。

4　智能表面应用

中控台：中控台采用智能表面技术，集成了电气连接、电容开关、弧形触摸表面、传感器、LED 和屏幕，这些组件共同实现了信息显示、智能控制和智能交互等功能。智能表面技术不仅提升了中控台的实用性，还为驾驶者提供了更加直观和便捷的操作体验。

若采用光学技术，中控台智能表面的触控功能将得到进一步增强。光学技术可以解决电容式触摸屏无法识别戴着手套的手指按压的问题，这意味着即使在寒冷或潮湿的环境中，驾驶者也能通过手套轻松操控中控台，从而提高了驾驶的安全性和舒适性，见图 2-3-2。

图 2-3-2　中控台

车门：车门部位应用智能表面技术，能够通过一块面板实现开关车门的功能，为驾驶者提供了便捷的操作体验。此外，智能表面技术还能够实现车内温度的自由调节。当识别到用户打开车门时，系统能够自动启动空调，并根据预设温度控制车内室温，为驾驶者创造舒适的车内环境。

智能门板条：是智能表面技术在车门部位的应用，它不仅起到装饰作用，还能提供实用功能。这种装饰条能够提醒下车人员注意观察周围环境，例如是否有来车或是否携带了随身物品，从而提高行车的安全性，此外，智能门板装饰条还具备座椅调节、座椅控制和音乐播放等功能。

智能方向盘：通过集成智能表面技术，为驾驶员提供了更为高效和便捷的驾驶体验。首先，智能表面技术优化了转向信号的控制方式，使得驾驶员能够更快速地进行信号切换，同时减少了分散注意力的风险。其次，在挡位切换方面，驾驶员可以通过智能方向盘的触控界面轻松完成操作，进一步提升了驾驶的舒适性和便捷性。此外，智能方向盘还具备新手检测系统，能够在新手驾驶过程中提供实时指导，从而提高驾驶技能和安全性，见图 2-3-3。

图 2-3-3　智能方向盘

智能玻璃：通过嵌入特殊的薄膜，利用电子控制信号来调节其透明度，从而实现汽车内部氛围灯、影像和触摸控制等多种功能。这种技术不仅能够根据需要调节玻璃的透明度，创造不同的车内氛围，还能展示车速、胎压、防疲劳驾驶等重要信息，确保驾驶员在行驶过程中能够及时获取关键数据，而不需要分心查看。智能玻璃的应用不仅提升了车内环境的舒适性和科技感，还为驾驶安全提供了实质性的支持，见图 2-3-4。

室内门板：室内门板的智能表面技术能够通过替换传统的"重型"开关，如座椅控制开关，来降低原始设备制造商（OEM）的成本。通过比较带有和不带有智能表面的室内门板，研究发现智能表面不仅减少了保修成本，还通过减轻车辆重量节省了资金。

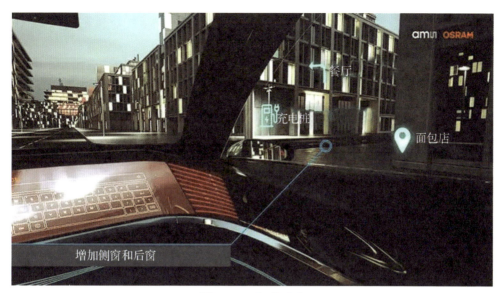

图 2-3-4 智能玻璃

这种技术的应用不仅提高了经济效益，还可能对车辆的整体性能产生积极影响。

5 智能表面发展优势

智能表面是未来汽车智能表面发展的趋势，其主要优势体现在以下几个方面：

·轻量化：透光表皮使用先进的材料与技术，相比传统材料更轻，使用更为便利，有助于降低车辆的整体重量

·智能与人性化：控制功能或信息只有在需要时才通过背光或显示激活呈现在内饰表面，能够根据乘客的需求进行个性化显示，提升用户体验

·娱乐性：智能表面能够呈现不同的显示效果，增加车内交互的娱乐性，使驾乘体验更加丰富有趣

·灵活性：取消更多的实体按键，呈现富有科技感的智能显示，更为灵活和方便的操作

·空间最大化：在现有零部件上集成各种功能，扩大空间利用率，使车内空间得到更有效的利用

·豪华感：大型透光表皮将视觉美与功能性集于一身，提升车内的豪华感

·多样化：智能表面能够集成多种显示方式，提供多样化的信息和功能展示

·设计感：透光表皮可以隐藏控制面板，适应复杂形状，实现极佳的设计自由度，更具设计感，提升车辆内饰的整体美感和现代感

这些优势表明智能表面技术将为未来汽车带来更加智能、便捷和豪华的驾乘体验，是汽车内饰设计的重要发展方向。

6　主机厂智能表面应用介绍

6.1　别克世纪

别克世纪四座版创新呈献的流星雨星空穹顶由麂皮顶衬上的 528 个星点组成，能够模拟出璀璨逼真的星空效果，见图 2-3-5。前门板及中控台包覆应用行业领先的透光表皮技术，均匀分布 422 个可间序亮灭的发光星点，连同支持 6 种应用场景互动的 128 色动态氛围灯，营造了沉浸式的流光氛围体验。

图 2-3-5　别克世纪智能表面

6.2　宝马 iX Flow

这款车搭载了宝马电子墨水（E-ink）技术，能够实现车身一键变色功能，见图 2-3-6。这个技术的出现，使得车辆的外观不再是一成不变的，而是可以根据驾驶者的心情、环境、天气等因素进行变化，让车辆的外观与驾驶者的情绪和环境完美融合。

图 2-3-6　宝马搭载了电子墨水（E-ink）技术

6.3 吉利极氪 X

吉利极氪 X 的方向盘采用"触控按键 + 实体按键"共同操作的模式，在方向盘下方安装触控板，实现后备箱开关、车前玻璃加热等功能，见图 2-3-7。

图 2-3-7 吉利极氪 X 的方向盘

6.4 红旗 E001

红旗 E001 该车搭载智能表面功能：各个触控功能标识可通过触控点亮，进行操控音乐、香氛、空调的各项调节功能，见图 2-3-8；该智能表面操作按键基于电容原理的应用，感应触控开关可以穿透绝缘材料外壳侦测到手指的有效触摸，灵敏度较高；搭载了压力感应和振动反馈，用户无须观察即可感知，提升了行车安全性。

图 2-3-8 红旗 E001

7 国内外智能表面应用介绍

7.1 马瑞利

马瑞利推出 Miragic 全新款智能表面（图 2-3-9），其特点是在非使用状态下可隐藏，在使用时可点亮。该隐形显示屏采用马瑞利的 Shy-Tech 解决方案，能够切合主机厂要求融入汽车座舱的风格，并与各种材料和表面实现无缝结合。与传统显示器相比，该显示屏能提供相同甚至更优良的可视性，避免驾驶员分心，从而提高行车安全性。

图 2-3-9 马瑞利推出 Miragic 全新款智能表面

7.2 宁波华翔电子

宁波华翔电子通过发展多模交互技术，融合"视觉""语音"等模态下的感知数据，结合汽车电子及光电技术，研发新的智能表面材料和技术，见图 2-3-10。对于下一代智能表面技术，华翔电子计划基于多模交互进行迭代，最终目标是演化为车载智能助理。

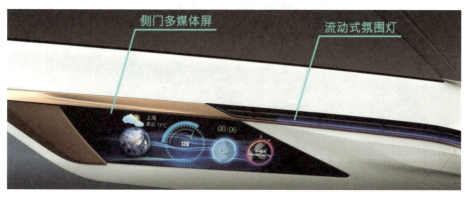

图 2-3-10 宁波华翔电子研发多模交互技术

在研发第一阶段，其智能表面集成了智能触控、振动反馈、压感防误触等功能，可根据需求设计和定制表面材质，集成 Logo 灯、氛围灯等，在装饰条、门板、仪表上集成隐藏式触控按钮和表面透光，实现个性化 HMI 软硬件功能。

技能实训

思考与练习

单选题：

1. 智能表面技术主要应用于汽车的哪些表面？（   ）

A. 轮胎和车轴

B. 仪表板、中控台、门板等

C. 发动机舱和行李箱

D. 后视镜和车窗

2. 下列哪种是智能表面的发展历程中的第三阶段？（   ）

A. 实现透光硬质装饰材料与光电显示集成

B. 实现软质透光装饰材料与光电显示集成

C. 实现装饰材料光电显示、智能操控等多功能集成

D. 实现智能触摸、声音控制等功能集成

3. 下列哪种是一种集成型的制造工艺，通过在塑料注射成型过程中将图像、颜色或图案直接嵌入塑料部件中？（   ）

A. IMD   B. IME

C. TOM   D. IML

4. 智能表面技术的优势之一是什么？（   ）

A. 颜色多样化

B. 质量更轻（正确）

C. 成本更低

D. 安全性提高

判断题：

1. 汽车智能表面技术只包括触控操作和显示信息功能。（　　）

2. 智能表面技术的发展可以分为 3 个阶段，第 1 阶段是实现透光硬质装饰材料与带控制逻辑的光电显示功能的集成。（　　）

3. IME 技术在智能表面应用中具有高度集成和多功能性的优势，特别适合于创造具有触摸感应、照明和电子显示功能的三维形状产品。（　　）

4. 智能玻璃和天窗的设计通过插入玻璃中的特殊薄膜，能通过电子控制信号改变透明度来实现功能。（　　）

5. 智能表面技术的发展趋势中提到的轻量化是因为智能表面可以取消更多的实体按键。（　　）

任务四 氛围灯

● 知识目标

1. 理解汽车氛围灯的基本概念、作用和发展历史。

2. 掌握汽车氛围灯的车内结构和分类，了解其主要组成部分和不同发光位置的区别。

3. 理解汽车氛围灯的发展方向。

● 技能目标

1. 能够分析和评价汽车氛围灯在提升车内氛围、美观、驾驶体验等方面的作用和优势。

2. 能够识别和区分不同类型的汽车氛围灯，理解其工作原理和特点。

3. 掌握通过传感器感知车内环境条件并自动调节照明效果的技术原理。

● 素养目标

1. 提高信息获取和分析能力，能够理解和应用新兴汽车照明技术的相关信息。

2. 培养团队合作和沟通能力，通过合作项目或小组讨论，探讨汽车氛围灯技术的应用和发展。

3. 培养创新意识和解决问题的能力，通过思考和讨论，提出对汽车氛围灯技术未来发展的新思路和建议。

1 氛围灯的基本概念

汽车氛围灯（Ambient Lighting）是一种用于提升车内氛围和美观的照明系统。它通常由一系列 LED 灯组成，安装在车内的不同位置。汽车氛围灯可以提供多种颜色和亮度选项，让驾驶员和乘客根据个人喜好或心情调整车内灯光。

2 氛围灯的发展历史

2005—2008 年：汽车氛围灯作为概念性产品，主要用于改装商务车和礼宾车，此时 LED 处于起步阶段，使用卤素光源。

2008—2013 年：LED 产业迅速发展，氛围灯运用于国外商用车领域，包括大客车的行李架灯带、座位扶手。

2013—2017 年：奔驰 S 发布配置七色氛围灯全新一代车型，引导国内主机厂尝试上装。

2018 年至今：一方面国内自主品牌逐步装备，另一方面伴随着新能源汽车的不断渗透，智能座舱的不断升级，在新能源领域渗透率较高。

3 氛围灯工作原理与结构

氛围灯由众多微小的 LED 灯珠构成，其早期形式即单色氛围灯，制作相对简单，仅需要使用标准的 LED 灯珠。而随着技术的发展，多色氛围灯开始流行，它们采用 RGB 灯珠，并通过调节红、绿、蓝三色光的混合比例，创造出多样化的色彩效果。

用户可通过调整 RGB 值来定制氛围灯的颜色，并设置所需的亮度。这些设定值被传输至 LED 驱动芯片，芯片解析后，通过调节 RGB LED 灯珠的 PWM 占空比，精确控制灯光的颜色和亮度，实现个性化的照明体验。

RGB LED 的亮度和颜色控制核心在于调节每一路 RGB 驱动的 PWM 占空比，这一过程直接影响 LED 的电流，进而实现颜色和亮度的调节。为避免人眼察觉到闪烁，PWM 的频率必须高于人眼的识别阈值，氛围灯控制原理见图 2-4-1。

车内氛围灯结构大致分为光学模组和电子模组两部分，其中电子模组包括导线、插接头、控制器，光学模组包括 PCBA、导光结构、外壳等（图 2-4-2），最终实现氛围灯在车身各区块的具体呈现。

4 氛围灯的分类

汽车氛围灯按照发光位置主要分为车顶棚区、天窗区、车门区、顶灯区、仪表台区、中控台区和前后排脚踏区，见图 2-4-3。

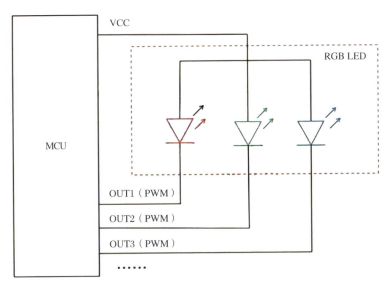

图 2-4-1　氛围灯控制原理

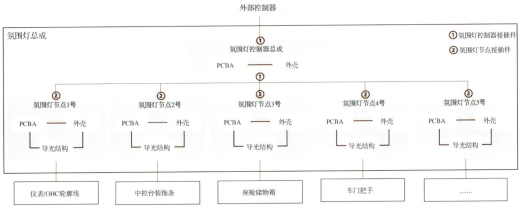

图 2-4-2　氛围灯内部结构

图 2-4-3　氛围灯按照发光位置分类

汽车氛围灯按照发光分类：点光源直射式氛围灯、点光源光带式和反射式氛围灯、点光源光带式和直射式氛围灯、点光源面发光式氛围灯，见图2-4-4。

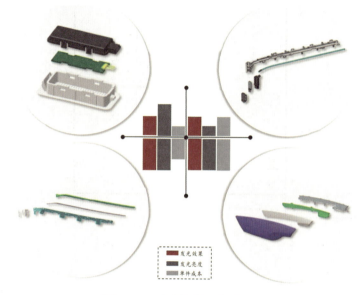

图 2-4-4　氛围灯按照发光分类

5　氛围灯发展方向

在智能座舱时代下，氛围灯设计正朝着更加智能化、个性化和环保化的方向发展，作为智能座舱的重要组成部分，汽车氛围灯也将向智能交互、多感官交互、娱乐个性化交互、生态环保式交互、安全性交互的多交互形态发展，见图2-4-5。

图 2-4-5　汽车氛围灯

5.1 智能场景

智能交互氛围灯能够根据环境条件、驾驶者偏好和车辆状态等因素主动调节车内照明效果，以提升驾驶体验、舒适度和驾驶安全性。智能交互可以通过传感器感知车内环境，如光线强度、车速和天气等，自动调节照明效果。此外，用户还可以通过手机 App、语音指令或车内面板进行调节，提升用户体验。

5.2 多感官交互

未来的系统可能会结合生物识别、声音、触感和香氛等多种感官元素，创造更加丰富和沉浸的驾驶体验。氛围灯可以与面部监控和传感器联动，当检测到驾驶员疲劳或道路上的危险情况时，自动更改车辆颜色以提醒驾驶员。氛围灯还可以根据音乐节奏和曲风变化，配合座椅按摩或香氛系统，营造轻松的驾驶氛围，甚至根据空调温度变化调整照明效果，带来全新的感官体验。

5.3 娱乐个性化交互

娱乐化和个性化是未来氛围灯发展的重要趋势。驾驶者可以根据自己的喜好和需求定制照明效果，包括颜色、亮度、光效和动画等，从而创造独特的驾驶氛围。氛围灯可以与娱乐系统联动，如游戏和观影，提供更加个性化的服务。用户还可以自行设定动态效果，并与其他产品联动，实现安全和场景化的驾驶需求。

5.4 生态环保式交互

未来的汽车氛围灯设计将更加注重环保和节能。采用 LED 灯源和智能节能技术，降低能耗和排放，同时延长氛围灯的使用寿命，推动汽车行业的可持续发展。

5.5 安全性交互

安全性是所有设计的首要考虑因素，氛围灯设计亦不例外。先进的汽车氛围灯系统具有自动化控制功能，如夜间驾驶时自动降低亮度和改变颜色，提供更加舒适的驾驶体验。当车辆接近障碍物或在紧急情况下，氛围灯可以闪烁或改变颜色，以吸引驾驶者的注意力，提升驾驶安全性。例如，比亚迪和问界等品牌配备的开门预警功能显著提高了行车安全，见图 2-4-6。

图 2-4-6 开门预警

6 主机厂氛围灯应用

6.1 蔚来 ET7

采用了 256 色氛围灯，内置多个主题模式，也可以自定义门板、储物和地板 3 层氛围灯的颜色、亮度，以及是否开启呼吸模式和音乐律动。

6.2 理想 ONE

车辆配备了多色氛围灯，通过替换式分区发光氛围灯升级改造之后可以达到全车 23 个氛围灯分布，64 色体现，专用触屏按键控制。

6.3 小鹏 P7

整车布置了多达 13 处氛围灯，可呈现 20 种颜色，用户可在中控屏进入氛围灯操作界面，随意切换各种颜色，同时氛围灯还会随着音律的变化自动改变颜色，见图 2-4-7。

图 2-4-7 小鹏 P7

7 国内外氛围灯厂商

7.1 法雷奥

通过与 Sennheiser Mobility 的强强联合，法雷奥将灯光与沉浸式音响系统完美结合，一举推出了 ImagIn 车内照明系统，它由投影模块、智能可调节用户界面及专用于投影和内容管理的软件组成，能够为乘客营造更具沉浸感的车内环绕音效方案，见图 2-4-8。

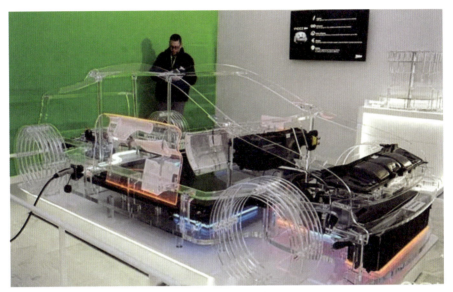

图 2-4-8　法雷奥

7.2 延锋

延锋发布了 Echo Lighting，该产品的厚度平均 12mm，实现离散或规律的景深效果，见图 2-4-9。解决了内外饰同类产品立体感不足以及空间局限性的难点，相较于传统实现路径与厚壁的高折射率材质，具有成本竞争优势。光线可在 3D 自由曲面经历多次折射与反射，同时结合音乐以及智能座舱的诸多功能场景。

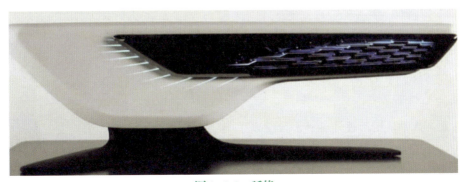

图 2-4-9　延锋

技能实训

思考与练习

单选题:

1.汽车氛围灯的作用是（　　　　）。

A.提高车速表现 　　　　　　　　　　B.提升车内氛围和美观

C.增加车辆安全性 　　　　　　　　　　D.减少燃油消耗

2.以下哪个时间段标志着LED产业迅速发展，汽车氛围灯开始运用于国外商用车领域？（　　　　）

A.2005—2008年 　　　　　　　　　　B.2008—2013年

C.2013—2017年 　　　　　　　　　　D.2018年至今

3.汽车氛围灯车内结构主要分为以下哪两部分？（　　　　）

A.灯泡和线路板 　　　　　　　　　　B.光学模组和电子模组

C.音响系统和导航系统 　　　　　　　　D.发动机和车轮

4.智能交互氛围灯的功能包括（　　　　）。

A.通过传感器感知车内环境自动调节照明效果

B.通过手机App远程开关氛围灯

C.只能通过车内面板进行调节

D.不具备自动调节功能

5.氛围灯发展方向中，未来的系统可能会结合以下哪些感官元素？（　　　　）

A.视觉、味觉、听觉 　　　　　　　　　B.味觉、触觉、声音

C.生物识别、声音、触感、香氛 　　　　D.触觉、视觉、运动感

6.汽车氛围灯发展方向中的哪个是最重要的设计考虑因素？（　　　　）

A.娱乐个性化交互 　　　　　　　　　　B.生态环保式交互

C.安全性交互 　　　　　　　　　　　　D.智能场景

7.未来汽车氛围灯设计将更加注重以下哪些方面？（　　　　）

A.成本降低和延长使用寿命 　　　　　　B.增加能耗和排放

C.色彩单一且固定 　　　　　　　　　　D.减少用户体验

判断题：

1. 汽车氛围灯的主要作用是提高车辆安全性。（   ）

2. LED 产业在 2008—2013 年迅速发展，导致氛围灯开始运用于国内商用车领域。（   ）

3. 多感官交互的未来系统可能结合声音、触觉、香氛等感官元素。（   ）

4. 氛围灯的发展方向不包括个性化交互。（   ）

任务五　IMS

1　IMS 概述

IMS（In-cabin Monitoring System）是一个比较新的概念，即汽车座舱的智能视觉监控系统。通俗来讲，IMS 包括驾驶员监控系统（DMS）、乘员监控系统（OMS）以及其他识别与监视系统等。这些系统共同作用，提升车辆的安全性和用户体验，通过智能视觉监控技术对车内的驾驶员和乘员进行实时监控和识别，见图 2-5-1。

DMS（车载驾驶员监控系统）是一种旨在提高道路安全性的技术，通过监测驾驶员的状态和行为来预防交通事故。该系统使用各种传感器和技术实时评估驾驶员的警觉性、疲劳程度以及是否分心。具体来说，DMS利用车内摄像头和其他传感器，监控驾驶员的面部表情、眼睛闭合频率和头部位置等，以评估其注意力和疲劳水平。系统能够识别危险的驾驶行为，如疲劳驾驶和分心驾驶，并及时向驾驶员发出警告，以预防可能的交通事故。

OMS（车载乘员监控系统）是一套高度集成的系统，用于监控和管理车内环境、乘客和驾驶员的安全与行为。设计初衷是为了增强智能汽车的安全性、舒适性和互动性，确保乘车体验的优质和安全。OMS利用车内摄像头以及其他传感器实时监控车辆乘客的行为和状态，评估其安全状况。系统能够识别乘客是否系安全带，是否有儿童独自留在车内等情况，并及时发出警告，以预防可能出现的危险。通过这些功能，OMS有效提高了智能汽车的安全性和用户体验。

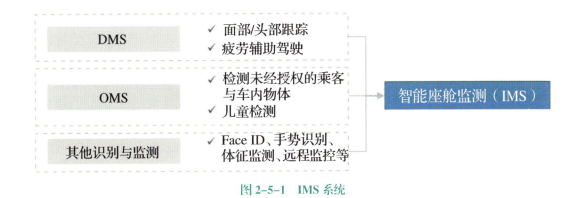

图 2-5-1 IMS 系统

2 IMS 的发展历史

2006年，雷克萨斯 LS460 首次配备了主动驾驶员监控系统（DMS），其摄像头安装在转向柱盖的顶部，并配有6个内置近红外 LED。2015年4月，凯迪拉克 CT6 在纽约车展上全球首发，因搭载 "Super Cruise" 的 DMS 系统而名噪一时。2018年推出的梅赛德斯-奔驰S级这款车中集成了一套乘员监控系统（OMS），可以监测车内所有乘员的状态，包括乘员的姿势、是否系安全带以及其他行为，以提升车内安全和舒适性。沃尔沃推出的下一代可扩展模块架构（SPA2），所有基于 SPA2 架构的新车型都将引入 DMS 系统。近年来，随着 L2 自动驾驶的量产和 L3 自动驾驶的即将量产以及法律法规的强制要求，而融合 DMS 和 OMS 的系统将成为未来的主流发展方向，智能座舱的动态监测技术将逐渐迎来爆发。

3 IMS 系统工作原理

IMS 系统（In-cabin Monitoring System）的工作原理（图 2-5-2）基于座舱检测系统形成的完整监测链条，主要涉及以下 3 个环节：

· 图像捕捉与输入：摄像头和传感器负责捕捉车内的图像和环境数据，将其输入系统

· 解码与演算：芯片板对捕捉到的图像和数据进行解码和计算，分析驾驶员和乘员的状态以及车内的各种情况

· 人机交互与反馈：信息娱乐系统（IVI）通过人机交互界面向驾驶员提供监测提示和反馈，最终使驾驶员得到相应的安全预警和反馈信息

通过这 3 个环节的协同工作，IMS 系统能够实时监控车内情况，并及时向驾驶员发出安全预警，提升驾驶安全性。

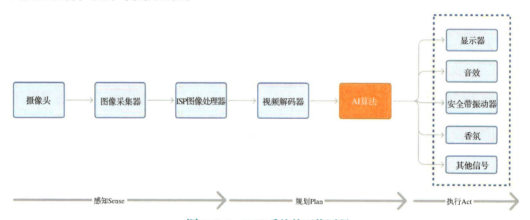

图 2-5-2　IMS 系统的工作原理

3.1 主流方案

IMS 系统技术方案可分为两类：直接／主动监控和间接／被动监控，见表 2-5-1。

被动监控依靠驾驶持续时间和车道保持等车辆信息来评估驾驶员的疲劳程度，但这种方案有可能产生误报。另一方面，主动监控根据 ADDW 的要求，利用近红外（NIR）相机，这种相机对眼球运动检测特别有效且不会影响驾驶员。近红外相机通常包含一颗或两颗 LED/VCSEL 照明器以及一颗图像传感器，通常安装在车辆 A 柱或转向柱等位置。通过软件提取驾驶员眼睑闭合以及打哈欠等特征，这种系统在识别驾驶员瞌睡或疲劳迹象方面发挥着至关重要的作用。

表 2-5-1　IMS 系统技术方案

方案	被动式	主动式	
技术路线	基于车辆信息	基于生物传感器	基于视觉传感器
监控指标	·方向盘握力／扭转力 ·车道偏离报警系统 ·LDWS 行车数据 ·驾驶时长	·心率及血压、皮电反应 ·皮肤温度 ·脑电波	·眼球追踪 ·视线检测 ·驾驶员认证
传感器	·压力传感器 ·方向盘扭力传感器	·压力传感器 ·电容传感器 ·压电传感器	·单目摄像头 ·双目摄像头 ·红外摄像头
优势	·成本低 ·可利用已有的自动（辅助）驾驶功能	·适用于任何驾驶环境	·成本较低 ·技术相对成熟
劣势	·并非直接监控驾驶员，误报率高 ·不具备智能化，无法真正解决驾驶安全隐患	·传感器安装不便 ·整体方案成本较高	·性能受光线等外部环境影响 ·若驾驶员戴墨镜影响识别率

3.2　主流技术原理

在智能座舱领域，除了显示和交互技术之外，座舱监测技术也成为未来发展的重点。当前的座舱监测方案主要包括 DMS 和 OMS。DMS 系统主要对驾驶员进行监测，主要利用 2D/3D 摄像头方案，通过捕捉驾驶员的面部表情、眼部运动、头部姿态等生物特征来判断驾驶员的状态，从而提供安全预警。而 OMS 系统主要针对车内乘客进行监测，会增加毫米波雷达作为补充，以更全面地监测乘客的位置、姿态、健康状况等信息，进一步提升座舱的安全性和舒适性。

3.2.1　视觉识别技术

目前主流是利用 2D 或 3D 的摄像头方案（一般带红外功能）实现对驾驶员的身份识别、驾驶员疲劳驾驶以及危险行为的检测功能，是目前流行的 ADAS（高级驾驶辅助系统）系统中重要的组成部分。

2D 人脸识别技术：使用一颗 RGB 摄像头捕捉人脸的 2D 平面图像，并将其与已经录入的图像库进行对比。由于其算法相对简单，模组成本较低，因此被广泛应用。然而，2D 技术捕捉的是人脸的平面图像，即使辅以"活体"算法，防伪性仍然较差，容易被照片或视频欺骗，见图 2-5-3。

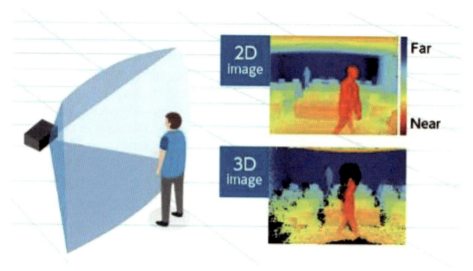

图 2-5-3 人脸识别技术

3D 人脸识别技术： 逐渐被运用到智能锁和其他领域。主流的 3D 人脸识别技术主要有以下 3 种。

双目识别技术： 又称双目测距技术，其原理类似于人眼。利用两个摄像头同时拍摄得到两个不同的平面图像，通过标注图像上相同的特征点，基于三角测量原理计算出深度信息，从而生成 3D 模型，见图 2-5-4。

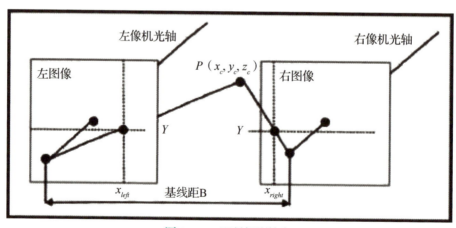

图 2-5-4 双目识别技术

3D 结构光技术： 3D 结构光技术需要点阵投影器和红外摄像头。点阵投影器将点阵光投影到人脸上，红外摄像头捕捉投影到人脸上的光点，通过三角测量原理计算出人脸的深度信息。该技术通过深度信息判断人脸是否吻合，精度较高，但对环境光要求较高，见图 2-5-5。

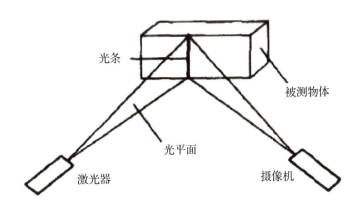

图 2-5-5　3D 结构光技术

TOF 技术：又称飞行时间技术，通过传感器发射出红外光，红外光再从物体表面反射回传感器，传感器根据发射光和反射光之间的相位差换算出深度信息。

TOF 与 3D 结构光技术原理相似，都是通过红外光反射计算深度信息。不同的是，TOF 投射的是一整片红外光，而 3D 结构光投射的是点状红外光。TOF 的工作距离可达 5m，但其精度相比 3D 结构光存在差距，见图 2-5-6。

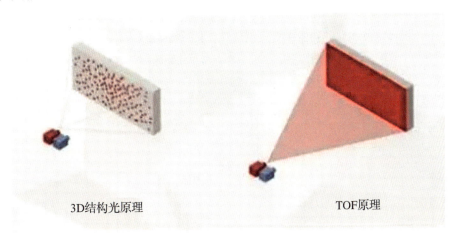

图 2-5-6　3D 结构光原理和 TOF 原理

3.2.2　3 种方案特性分析（表 2-5-2）

（1）双目识别技术方案。此方案比较大的问题在于实现算法需要很高的计算资源，导致实时性很差，而且基本跟分辨率、检测精度挂钩。也就是说，分辨率越高，要求精度越高，则计算越复杂，同时，纯双目方案受光照、物体纹理性质影响。

（2）3D 结构光技术方案。本方案就是为了解决双目识别技术中匹配算法的复杂度和鲁棒性问题而提出，该方案解决了大多数环境下双目识别技术的上述问题。但是，在强光下，结构光核心技术激光散斑会被淹没，因此，不合适室外。同时，在长时间监控方面，激光发射设备容易坏，更换设备后，需要重新标定。

（3）TOF技术方案。传感器技术不是很成熟，因此，分辨率较低，成本高，但由于其原理与另外两种完全不同，实时性高，不需要额外增加计算资源，几乎无算法开发工作量。

表2-5-2　DMS 3种技术特性

相机类型	RGB双目	结构光	TOF
测距方式	被动式	主动式	主动式
工作原理	RGB图像特征点匹配，三角测量间接计算	主动投射已知编码图案，提升特征匹配效果	根据光的飞行时间直接测量
测量精度	近距离可达毫米级精度	近距离内能够达到0.01~1mm精度	最高可达厘米级精度
测量范围	由于基线限制，一般只能测量较近的距离，距离越远，测距越不准确。一般为2m（基线10mm）以内	测量距离一般为10m以内	可以测量较远距离，一般为100m以内
影响因素	不受光照变化和物体纹理影响，受多重反射影响	不受光照变化和物体纹理影响，受反光影响	不受光照变化和物体纹理影响，受多重反射影响
分辨率	中高	中	低
帧率	低	中	高
抗光照（原理角度）	高	低	中
硬件成本	低	中	高
算法开发难度	高		低
内外参数标定	需要		

3.2.3　传感器方案

在当前市场上，OMS（车内人员监控系统）普遍采用传感器方案，其方案包括5种类型，分别是摄像头、毫米波雷达、超声波雷达、压力传感器和生物特征传感器。目前，OMS主流传感方案为OMS摄像头（占比高）或毫米波雷达。在座舱感知方案中，诸如毫米波雷达等感知方案可以作为视觉方案的补充，能够有效降低隐私侵犯和泄露风险，主要用于座舱OMS系统的生命体征检测，目前国内已有多家车企搭载了该种方案。

5 种传感器方案优劣见表 2-5-3。

表 2-5-3 5 种传感器方案优劣

方案	优势	劣势
压力传感器	成本低	检测维度单一，无法准确识别体型较小的儿童
摄像头	能够实时获取车内的情况，性价比高	容易造成物理遮挡、隐私泄露问题
超声波雷达	不造成车内隐私泄露	检测精度一般
毫米波雷达	可感知整个座舱的所有区域，深度感知且穿透力强，可对探测目标进行高精度分类和生物特征的检测	成本相对较高
生物特征传感器	安全性高，高度个性化，响应快	成本较高，引发隐私担忧，存在技术限制，有一定的误识别率，需要定期维护和更新

4 IMS 安装方案

介绍 IMS 安装方案之前，需要先了解 DMS 和 OMS 两种安装方案，IMS 安装方案实际上是两种方案的整合。

4.1 DMS 安装方案

DMS 摄像头安装位置具有灵活性，可以在仪表、方向盘柱、左右侧 A 柱或内后视镜等位置，此外，大陆集团还将 DMS 集成在显示屏中，实现结构上的小型化。其中正对驾驶人脸角度的转向柱和仪表位置，是效果最好的，A 柱其次，舱内后视镜也勉强可以，见图 2-5-7。

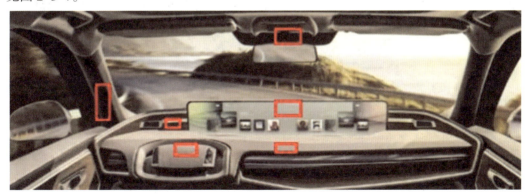

图 2-5-7 DMS 安装方案

4.2 OMS 安装方案

在配套的座舱内摄像头部分，目前，在前装市场，座舱内视觉方案的主要摄像头配置有以下几种类型。

单摄像头方案：大多数单摄像头方案集成在驾驶员侧的 A 柱或方向盘位置，主要功能包括人脸识别（如发动机启动、车机系统进入以及座椅个性化调节）和疲劳分心监测。

内后视镜集成方案：将摄像头集成在内后视镜位置，除了服务驾驶员外，还提供乘员监控功能，如车内行车记录、儿童 / 遗留物检测、安全带检测和特定乘客识别等。

双 / 三摄像头方案：双摄像头或三摄像头方案摄像头分别安装在 A 柱、内后视镜以及车顶位置，负责实现不同功能，能更全面地实现驾驶员和乘员监控、疲劳检测和安全带检测等，见图 2-5-8。

大多数用于驾驶员疲劳监测的系统采用成本较低的传统 2D 可见光摄像头，配合 IR 红外 LED，而 3D TOF 传感器也开始进入前装市场，如理想 L9 的首发搭载，增强了座舱监控系统的鲁棒性，并在恶劣光照条件下实现深度和红外图像捕捉，提高了系统的准确性和可靠性。

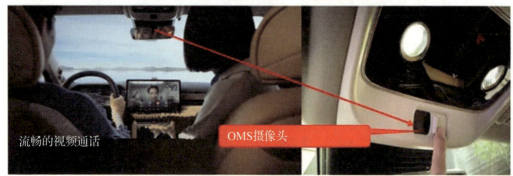

图 2-5-8　OMS 安装方案

4.3　IMS 安装方案

随着汽车电子化、智能化的高速发展，整车电子架构和功能的集成度需求进一步提升，座舱内驾驶员和乘客监控系统将由"离散"（图 2-5-9）走向"融合"（图 2-5-10）。

由原先不同设备分别对驾驶员和乘客进行监测，逐步转变为一套设备同时对驾乘人员进行监测。

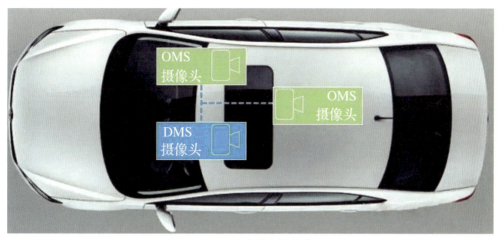

图 2-5-9　IMS 离散安装方案

图 2-5-10　IMS 融合安装方案

5　IMS 系统功能分析

5.1　人脸识别

人脸识别主要用于驾驶员识别和认证管理。在车辆出发前，系统会检测是否有非指定驾驶员，如发现，将触发报警并上传数据。此外，系统会定时抓拍驾驶员的正面照片，或在监控画面中驾驶员离开再返回时进行抓拍。当检测到驾驶员离开再返回时，系统将新出现的驾驶员面部特征与之前的进行对比。如果不匹配，则触发驾驶员身份异常事件，同样进行报警、车辆锁定和数据上传，以实现有效的人车协同管理。

5.2 疲劳检测

疲劳检测通过实时监测和分析驾驶员的面部表情、眼部变化来判断其是否处于疲劳驾驶状态，例如闭眼、低头或打瞌睡等。驾驶员出现疲劳驾驶状态系统会及时发出警报，提醒驾驶员注意休息，以确保行车安全。

5.3 危险行为提醒

危险行为提醒系统专门针对驾驶员低头找东西、看窗外风景、接打电话、抽烟、喝水和未系安全带等情况进行监测。一旦检测到驾驶员视线偏移超过预设时间阈值，系统将及时进行监控并干预提醒，以确保驾驶员专注于驾驶任务。

5.4 遮挡 / 离岗（无人）警报

遮挡 / 离岗（无人）警报功能用于监测摄像头是否被不明物体遮挡，或者驾驶员是否面部被遮挡或严重偏离视线，同时还能检测驾驶座位上是否有人。一旦发现遮挡 / 离岗（无人）情况，系统将触发警报信息，确保驾驶安全。

5.5 乘客占位和属性检测

实时统计车内人员数量，准确标识乘客入座位置，帮助掌握车辆载客情况。系统能够精准识别乘客的年龄、性别、情绪等多种人脸属性信息，分析面部表情，有效规避司乘冲突。

5.6 遗留物品检测

实时检测座舱内后座画面，结合下车信号有效分析乘客随身物品的遗留情况，并根据业务策略给予警告系统。系统可精准检测手机、钱包、女士手袋等数十种随身物品，并支持一站式自定义物体品类训练。

5.7 遗留儿童检测

实时监测座舱内后座区域，结合下车信号精准判断后座区域是否存在儿童遗留，并根据业务策略将儿童感知数据传输至警告系统，全面保障乘客的出行安全。

5.8 遗留宠物检测

准确分析后座区域是否存在活体宠物遗留，并根据业务策略及时发送预警信息。系统支持识别多种品种的宠物猫和宠物狗，能够有效防止毛绒玩具等假体误判。

5.9 乘客情感联动

利用高度智能的传感器系统，全方位监测后排乘客的疲劳水平、情绪状态以及表情。通过实时数据分析和处理，实现与语音、空调、座椅、香氛等系统的智能联动，为每位乘客提供贴心而个性化的情感服务。

6 主机厂 IMS 系统应用介绍

6.1 北京现代胜达

该车型布置有一组超声波传感器，官方给这套系统命名为"ROA 后排乘客提醒系统"。当车辆落锁后，传感器（图 2-5-11）探测到车内后排还有人员或者是宠物，会通过喇叭鸣笛或者给用户手机 App 发消息来提醒用户，防止事故的发生。

图 2-5-11　超声波传感器位置

6.2 小鹏

小鹏 G3 汽车的 DMS 驾驶员安全健康监测系统通过置于车内 A 柱的智能摄像头，可以实时监测驾驶员在行车过程中的行为特征和健康状态，为驾驶员的行车过程提供安全陪伴。该功能已经在小鹏 G3 上全部搭载，并通过 OTA 技术持续优化和功能叠加，为用户提供可成长、可进化的产品方案，已实现更长生命周期的驾乘安全保障。

6.3 蔚来

ET7 驾驶员感知摄像头一改 ES6/ES8 位于后视镜的安装位置，改为位于仪表的前方。该摄像头的主要作用是监测驾驶员是否疲劳驾驶。在车辆解锁通电后，摄像头也会自动开启，在行车过程中会持续监测驾驶员的驾驶状态。

7 国内外 IMS 系统厂商

7.1 地平线

地平线推出 DMS 系统，集成在 Horizon Halo® 解决方案，摄像头安装在 A 柱、后视镜上进行身份识别、疲劳分级监测、儿童识别、行为识别、注意力检测、性别年龄识别。

7.2 商汤科技

商汤科技推出 Sense Auto Cabin 智能座舱解决方案，摄像头安装在中控台上方中央、方向盘柱上方，主要功能是驾驶员身份识别、手势识别、疲劳检测、注视区域识别、危险行为分析、儿童识别、物体识别、宠物检测。

7.3 博世

博世推出车内监控系统，摄像头位置为方向盘内置（驾驶员）、后视镜上下方，以此实现驾驶员监控、账户管理、多模块交互、后排儿童看护。

7.4 法雷奥

法雷奥推出 DMS 驾驶警示系统，2019 年开始量产，安装在转向柱上方、仪表上、中控或车顶，主要功能是走神检测、打瞌睡识别、人脸识别、情绪和性别的识别。

技能实训

思考与练习

单选题：

1.IMS 系统的工作原理主要涉及哪 3 个环节？（　　　）

A. 摄像头捕捉与输入；电池板解码与演算；信息娱乐系统反馈

B. 摄像头 / 传感器捕捉与输入；芯片板解码与演算；信息娱乐系统监测提示与反馈

C. 驾驶员监测；乘员监测；座舱感知

D. 监控链条形成；驾驶员识别；乘客情感联动

2.DMS 系统最早首次配备于哪款车型？（　　　）

A. 凯迪拉克 CT6

B. 沃尔沃

C. 雷克萨斯 LS460

D. 理想 L9

3.DMS 系统的分类中，哪种监控方案利用近红外（NIR）相机？（   ）

A. 主动监控

B. 被动监控

C. 结构光方案

D.TOF 方案

4. 目前主流的 DMS 技术中，哪种技术不需要额外增加计算资源，实时性高？（   ）

A. 双目识别技术

B.3D 结构光技术

C.TOF 技术

D.2D 人脸识别技术

5.IMS 系统主要用于监控和管理哪些方面的安全与行为？（   ）

A. 车辆发动机系统

B. 车内环境、乘客和驾驶员

C. 路况和行车状态

D. 后备箱内物品

判断题：

1.DMS 系统主要利用摄像头进行人脸识别和疲劳检测。（   ）

2. 双目识别技术和 TOF 技术原理相似，都是通过传感器发射出红外光，再由物体反射的光得到深度信息。（   ）

3. IMS 传感器方案目前主要包括摄像头、毫米波雷达、超声波雷达、压力传感器和生物特征传感器。（   ）

4. IMS 功能中包括乘客占位和属性检测，但不包括遗留物品检测。（   ）

5. 结构光方案在强光下表现优异，适合室外使用。（   ）

1　实验设施

登录"智能座舱 SOA 原子服务管理平台"（网址：http://yunxiaochan.com）。

2　任务实施

2.1　构思智能座舱场景

问题构思：生活当中，人们有时会因为到达目的地后匆匆忙忙离开而将宠物遗留在车中，从而导致严重事故。

解决方案：通过建立"宠物遗留"场景，在 IMS 系统监测到宠物遗留时，智能座舱分别通过多种服务提供宠物遗留提醒提示和生命维持功能。

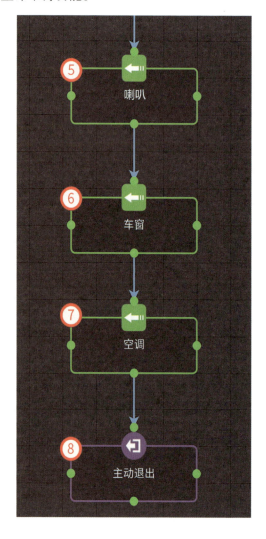

2.2 详细设置

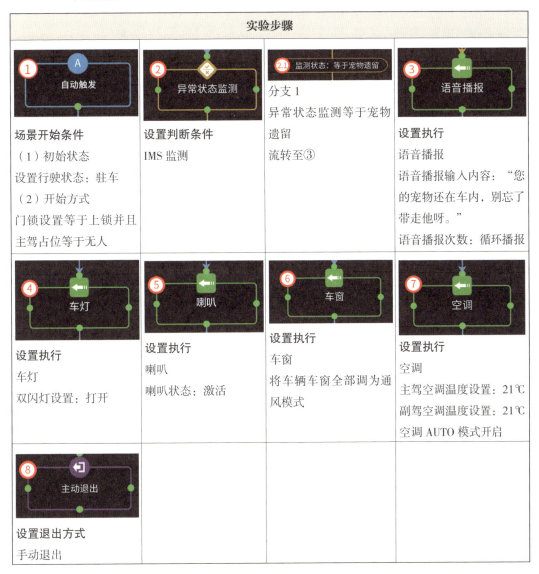

实验步骤

① 自动触发

场景开始条件

（1）初始状态
设置行驶状态：驻车
（2）开始方式
门锁设置等于上锁并且
主驾占位等于无人

② 异常状态监测

设置判断条件

IMS 监测

2.1 监测状态：等于宠物遗留

分支 1
异常状态监测等于宠物
遗留
流转至③

③ 语音播报

设置执行

语音播报
语音播报输入内容："您
的宠物还在车内，别忘了
带走他呀。"
语音播报次数：循环播报

④ 车灯

设置执行

车灯
双闪灯设置：打开

⑤ 喇叭

设置执行

喇叭
喇叭状态：激活

⑥ 车窗

设置执行

车窗
将车辆车窗全部调为通
风模式

⑦ 空调

设置执行

空调
主驾空调温度设置：21℃
副驾空调温度设置：21℃
空调 AUTO 模式开启

⑧ 主动退出

设置退出方式

手动退出

2.3 运行检验

点击运行，检查运行结果。

项目三　多模态人机交互（听、嗅、触）

任务一　语音交互

● **知识目标**

1. 理解语音交互的概念和发展历程。

2. 掌握语音交互系统的核心技术和工作原理。

3. 了解语音交互在不同领域的应用以及发展趋势。

● **技能目标**

1. 能够描述语音交互系统的输入、处理和输出过程。

2. 能够分析语音交互技术在车载系统、智能家居等领域的具体应用。

3. 能够解释语音交互技术在提升驾驶安全、增强用户体验等方面的作用。

● **素养目标**

1. 培养对新兴技术的敏感性和兴趣，增强对科技发展趋势的洞察力。

2. 培养信息获取、整合和分析的能力，提高解决问题的综合能力。

3. 培养对技术创新和科技应用的价值观，强调科技发展与社会进步的关系，倡导积极拥抱科技变革的态度。

1　语音交互概述

语音交互是指人与设备通过自然语音进行信息传递。随着车联网和人工智能技术的兴起，越来越多的功能被集成到车机系统中。不断增多的功能和日趋复杂的界面在驾驶过程中争夺驾驶员的注意力。在当前的"人机共驾"阶段，语音交互技术的独特优势得以显现：它帮助驾驶员减少对车内设备的手动操作依赖，从而增加驾驶的安全性。

2 语音交互的发展历程

1991 年，丰田 Soarer 开创了语音交互技术的先河，成为首批装备语音控制系统的车型之一，该系统可以便捷地控制收音机、空调等基本功能。2004 年，福特 F-150 推出了 Sync 系统，首次支持蓝牙连接、语音拨号和音乐播放，为语音交互技术的进步迈出了关键一步。2011 年，奥迪 A8 推出 MMI Touch Response 系统，集成了语音识别、手势识别和触摸屏控制，提供了更多功能的语音交互，如导航、音乐播放和电话通话等。2018 年，特斯拉 Model 3 配备了智能语音助手系统，通过语音指令实现各项功能控制，并与车辆的自动驾驶系统配合，使驾驶体验更加智能化。这些进步标志着语音交互技术正式迈入智能语音助手时代。

3 语音交互的应用

3.1 车辆控制和操作

语音交互技术可以用于控制和操作车辆的各种功能，包括调整音量、更改音乐、切换收音机频道、控制空调和加热器、调整座椅位置等。驾驶员和乘客通过简单的语音命令完成这些操作，而无须分散驾驶注意力，提高了驾驶安全性。

3.2 导航和路线规划

语音交互系统与车载导航系统集成，驾驶员可以通过语音指令获取导航指引、查询路况信息、寻找目的地并规划最佳路线。这种功能使驾驶员能够更轻松地获取导航信息，提高驾驶的安全性和舒适性。

3.3 信息检索和互动

驾驶员和乘客可以通过语音交互系统进行信息检索和互动，如查询天气预报、搜索附近的餐厅或加油站、获取新闻和股票信息等。这种功能使驾驶员能够在驾驶过程中获取所需的信息，提高驾驶的便利性和舒适性。

3.4 安全功能

语音交互技术还可以用于提供各种安全功能，如紧急呼叫、车辆健康检查、驾驶行为监测等。驾驶员可以通过语音命令请求帮助或获取紧急情况下的指引，提高驾驶安全性。

3.5　娱乐和多媒体

语音交互系统可以控制车辆内部的娱乐和多媒体设备，如音乐播放器、视频播放器、车载影院系统等。驾驶员和乘客可以通过语音命令播放音乐、调整音频设置、选择电影或节目等，享受更加愉悦的驾驶和乘坐体验。

3.6　智能交互和个性化服务

语音交互系统可以通过学习驾驶员和乘客的偏好和习惯，提供个性化的交互和服务。驾驶员可以通过语音命令定制车辆设置、配置个人偏好、获取个性化推荐等，使驾驶体验更加个性化和人性化。

3.7　分区智能识别

语音交互系统能够根据车辆中不同区域的语音输入源进行智能识别和处理。通常，车辆内部可能存在多个语音输入源，如驾驶员座位、副驾驶员座位以及车辆后排座位等。车载语音分区智能识别技术会根据驾驶员的语音输入位置以及车内环境的声音特征，将语音输入源进行区分和识别，并针对性地进行语音识别和响应。

4　语音交互系统工作原理

语音交互系统工作原理是由输入、处理、输出形成完整的语音链条，见图3-1-1。

图3-1-1　语音交互系统工作原理

4.1　输入

声音的捕捉与数字化：语音交互的第一步是声音的捕捉。通常，这一步使用麦克风完成，麦克风将声音波形转换为模拟电信号。随后，这些模拟信号需要被转换为数字信号，以便计算机处理。这一转换过程称为模数转换（ADC）。在数字化过程中，声音信号会被采样和量化，即在连续的声音波形中以一定的频率取样，并将这些样本转换为数字信号。这样，声音就被转换成了一系列数字信号，可以被计算机进一步处理。

4.2 处理

特征提取：数字化后的声音信号包含大量数据，直接处理这些数据既不经济也不高效。因此，语音识别系统会进行特征提取，抽取出对识别过程最为关键的信息。这些特征通常包括音高、能量、频谱包络等，它们可以有效地表示声音的统计特性和结构特性。特征提取的常用方法包括梅尔频率倒谱系数（MFCC）、线性预测倒谱系数（LPCC）等。通过这些技术，语音信号被转换为一系列特征向量，每个向量代表了一段时间内的声音特性。

模式匹配与识别：在特征向量生成后，语音识别系统会进行模式匹配，将提取的特征向量与已知的声音模式进行比较。这一过程通常依赖于机器学习技术，尤其是深度学习。深度神经网络，如卷积神经网络（CNN）、循环神经网络（RNN）及其变体长短时记忆网络（LSTM），在语音识别中表现尤为出色。这些网络能够学习到从原始声音到语言内容的复杂映射关系。

自然语言处理：将声音转换为文本后，还需要进行自然语言处理，以提高识别文本的可读性和实用性。这包括语法分析、上下文理解等步骤，确保转换的文本在语法和语义上的正确性。例如，通过上下文理解可以区分同音异义词，如"植物"和"职务"。

4.3 输出

输出与反馈：处理好的文本将被输出给用户，系统还可能根据用户的反馈进行自我调整和优化。例如，如果用户纠正了语音识别的错误，系统可以利用这一数据来优化其识别算法，提高未来的识别准确率。

5 语音交互的发展趋势

5.1 人工智能（AI）和自然语言处理（NLP）的整合

在汽车语音控制系统市场中，人工智能（AI）和自然语言处理（NLP）的整合是一个突出的趋势。随着人工智能算法的不断进步，语音控制系统更能够理解和响应自然语言命令。这一趋势不仅通过使交互更加直观来提升用户体验，还有助于提高准确性和响应速度，将语音控制定位为下一代互联汽车中至关重要的组成部分。

5.2 多功能语音指令，增强用户体验

语音控制系统已经超越了基本功能，当前的趋势是采用多功能语音指令，使驾驶员能够控制各种车内功能，从调节气候设置到导航，甚至预订餐厅。这样的发展旨在减少

驾驶员注意力分散，提高道路安全，并增强整体驾驶体验。

5.3 与智能设备的连接和整合

随着物联网（IoT）继续塑造汽车行业，语音控制系统越来越多地与智能设备和家庭自动化系统整合。这使驾驶员能够无缝地控制车内功能及智能家居设备，将汽车语音控制定位为连接生态系统的核心组成部分，创造更加集成和便捷的驾驶体验。

5.4 通过空中升级（OTA）持续改进

制造商利用空中升级（OTA）来保持语音控制系统的领先地位。OTA升级允许对语音识别算法进行持续改进和优化，增加新功能并解决潜在问题，而无须到经销商处访问。这样确保驾驶员始终享受语音控制技术的最新进展。

5.5 注重安全和免提操作

安全是汽车行业的首要关注点，语音控制系统在这方面起着至关重要的作用。当前的趋势是加强免提操作，允许驾驶员在不将手离开方向盘或眼睛离开道路的情况下执行各种功能。这符合监管倡议和消费者对最大限度减少干扰、促进更安全驾驶环境的技术偏好。

5.6 个性化和用户配置文件

语音控制系统正朝着更大程度的个性化发展，通过创建用户配置文件，使系统能够学习和适应个人的语音模式、口音和偏好。通过量身定制的语音控制体验，制造商旨在使交互更加流畅和愉快，促进驾驶员与车辆之间的联系更加紧密。

5.7 与先进驾驶辅助系统（ADAS）的整合

语音控制系统与先进驾驶辅助系统（ADAS）的融合是一种趋势，将重新定义驾驶体验。通过将语音命令与ADAS功能整合，驾驶员可以使用语音指令来控制诸如车道偏离警告、自适应巡航控制和碰撞避免系统等关键安全功能，提升了先进安全功能的可访问性，还促进了更直观和用户友好的驾驶环境。

5.8 语音交互情感交流

随着技术的不断发展，语音交互控制系统正逐渐融入情感交流的元素。车辆语音助手不仅能够执行指令，还能够理解和回应驾驶员的情感状态。通过使用语音和语调识别技术感知驾驶员的情绪，并以更加人性化的方式回应，例如提供安慰性的回答或调整交互方式以适应驾驶员的情感状态。这种情感交流不仅可以提升驾驶员的体验，还有助于建立更加紧密的人车关系，进一步促进驾驶安全和舒适性。

6 主机厂语音交互应用介绍

6.1 宝马

我们可以利用宝马语音实现对基本功能的控制（图 3-1-2），如车载娱乐、电话、导航等；同时，驾驶员可以为其命名，以赋予其个性；智能系统还具有学习功能，可以记忆驾驶员喜好。

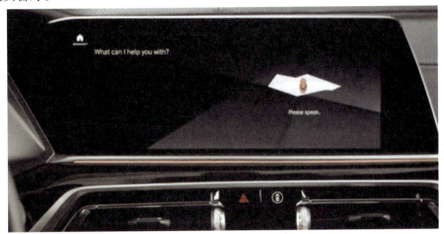

图 3-1-2 宝马语音控制

6.2 蔚来（NOMI）

NOMI 即 "know me" 的谐音，是一款集语音交互和智能情感为一体的圆形小机器人，见图 3-1-3。它集成了语音识别、自然语言处理、机器学习等先进技术，能够理解并执行用户的语音指令，实现对车辆功能的控制，提供信息查询服务，甚至进行简单的对话交流，为驾驶者提供便捷的智能驾驶体验。

图 3-1-3 机器人

6.3 小米 SU7

座舱里采用了五音区语音交互，即使是后排中间位置的乘客，小爱也能精准应答，不受左右两边的干扰，见图 3-1-4。它还支持分区权限管理，涉及影响驾驶安全的语音指令，只有主驾说才生效。另外，小米自研 MiLM-1.3B 大模型将在 SU7 上首次上车，并且语音交互的全链路都得到了大模型的加持升级。

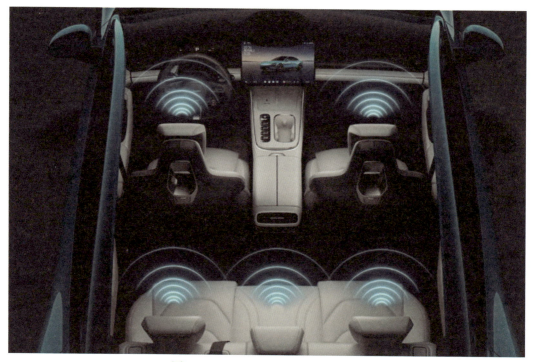

图 3-1-4　小米 SU7 五音区语音交互

7　国内外语音交互厂商

7.1　Cerence

Cerence Assistant 拥有 Cerence 语音信号增强技术（SSE），SSE 是一套语音信号增强技术，可以将车内噪音从麦克风中滤除，结合 Cerence 世界级的语音识别和自然语言理解引擎（图 3-1-5），完美处理驾驶者和乘客的语音信号清晰度。同时支持设置分区，最多可有 8 个区，最多可有 30 个麦克风，配备了多达 16 个可配置的输出通道。还支持外部车辆通信、车内多座椅智能通信、警铃侦测等。

图 3-1-5　Cerence 语音信号增强技术（SSE）

7.2　百度

小度语音助手是基于大模型本地化推出的座舱语音产品（图 3-1-6），可以实现全域毫秒级响应、全双工连续对话、最大 8 路同时交互、全页面所见即可说、车载文心全链路融合。

图 3-1-6　小度语音助手

技 能 实 训

思考与练习

单选题:

1. 语音交互的发展历程中,哪个车型首次支持了蓝牙连接、语音拨号和音乐播放? (　　)

A. 丰田 Soarer

B. 福特 F-150

C. 奥迪 A8

D. 特斯拉 Model

2. 语音交互系统的核心技术中,声音的捕捉与数字化过程中使用的转换称为什么? (　　)

A. 数字化

B. 量化

C. 模数转换(ADC)

D. 频率转换

3. 语音交互系统的处理阶段中,将声音信号转换为一系列特征向量的步骤称为什么? (　　)

A. 自然语言处理

B. 特征提取

C. 模式匹配

D. 输出与反馈

4. 语音交互系统的输出阶段包括什么过程? (　　)

A. 自然语言处理

B. 模式匹配

C. 输出与反馈

D. 特征提取

5. 语音交互技术发展的趋势中,哪一项指出了语音控制系统与智能设备和家庭自动化系统整合的趋势? (　　)

A. 人工智能(AI)和自然语言处理(NLP)的整合

B. 与智能设备的连接和整合

C. 通过空中升级(OTA)持续改进

D. 注重安全和免提操作

6. 语音交互技术发展的趋势中,哪一项描述了语音控制系统与先进驾驶辅助系统(ADAS)整合的趋势? (　　)

A. 与智能设备的连接和整合

B. 通过空中升级(OTA)持续改进

C. 与先进驾驶辅助系统（ADAS）的整合

D. 个性化和用户配置文件

7. 语音交互技术发展的趋势中，哪一项指出了通过语音和语调识别技术实现情感交流的趋势？（ ）

A. 人工智能（AI）和自然语言处理（NLP）的整合

B. 通过空中升级（OTA）持续改进

C. 语音交互情感交流

D. 个性化和用户配置文件

判断题：

1. 语音交互的发展历程中，福特 F-150 是首款支持蓝牙连接、语音拨号和音乐播放的车型。（ ）

2. 语音交互的核心技术包括输入、处理和输出 3 个阶段。（ ）

3. 语音交互系统的处理阶段包括特征提取、模式匹配与识别以及自然语言处理。（ ）

4. 语音交互系统的输出阶段通常包括将声音信号转换为数字信号。（ ）

5. 语音交互技术的发展趋势中，与智能设备的连接和整合是一个重要的趋势。（ ）

6. 语音交互技术的发展趋势中，个性化和用户配置文件是一个重要的趋势，旨在提升用户体验。（ ）

7. 语音交互技术的发展趋势中，注重安全和免提操作不是一个重要的趋势。（ ）

8. 语音交互技术的发展趋势中，与先进驾驶辅助系统（ADAS）的整合是一个重要的趋势，可以提高先进安全功能的可访问性。（ ）

任务二　香氛与空气净化系统

学习目标

● **知识目标**

1. 理解汽车智能香氛与空气净化系统的概念和发展历程。

2. 掌握汽车智能香氛与空气净化系统的基本构成和原理。

3. 了解汽车智能香氛与空气净化系统在不同车型中的应用以及发展趋势。

● **技能目标**

1. 能够使用微信小程序、语音或智能控制面板等多种方式控制智能香氛与空气净化系统。

2. 能够描述汽车智能香氛与空气净化系统的特点和功能。

3. 能够分析汽车智能香氛与空气净化系统在提升驾驶体验和舒适性方面的作用。

● **素养目标**

1. 培养对智能科技的敏感性和兴趣，增强对科技发展趋势的洞察力。

2. 培养信息获取、整合和分析的能力，提高解决问题的综合能力。

3. 提高对科技信息阅读和理解的能力，培养批判性思维和逻辑思维能力。

1　香氛与空气净化系统概述

　　汽车智能香氛与空气净化系统是由电子装置将香味通过气管传输至汽车空调系统，使其通过空调送风将清新怡人的香味均匀散发至整个车内空间中。并可以根据设定控制开关，通过微信小程序、语音或智能控制面板等多种智能方式调节香氛浓度、模式和工作间隔时间等。

2 香氛与空气净化系统基本构成

香氛与空气净化系统由最初的"香水瓶＋负离子发生器"演变为独立运行的汽车智能香氛与空气净化系统。空气净化系统在传统技术上进行升级，普遍搭载负离子发生器（有些车型还搭载紫外线发生装置）。在高端车型上，空气净化系统与空气滤清器集成，使用高级滤芯（如双效滤芯、HEPA滤芯）和AQS空气质量管理系统等，进一步加强空气净化效果，见图3-2-1。

图 3-2-1 香氛与空气净化系统

3 香氛与空气净化系统发展历程

3.1 香氛系统发展历程

2009年奔驰在迈巴赫—齐柏林上首次引入后座香氛系统，首次将车内氛围感提升到"嗅觉"层面，满足用户对高品质驾车的需求，通过散发香味营造独特舒适的环境。

2010年，随着客户对个性化和舒适性需求的提升，汽车制造商开始将香氛系统集成到车辆的空调系统中，使其成为车内环境的一部分。

近年来，香氛系统变得更加高级和可定制，用户可以选择不同的香味，调节香气的浓度和释放时间，进一步提升车内的个性化和舒适体验。

3.2 空气净化系统

早在20世纪80年代，面对城市空气污染和汽车数量激增的问题，车载净化器应运而生。最初，这些净化器主要依赖过滤网技术，专注于过滤和清除车内的空气颗粒物和有害气体。进入2000年，随着技术发展，车载空气净化系统开始集成活性炭滤层，更有效地吸附异味和有害气体。到了 2010 年，更先进的 HEPA 过滤技术被引入，能够捕捉至少 99.97% 的直径 0.3μm 以上的颗粒物，包括花粉、病毒和细菌。近年来，一些高端车型开始采用光触媒或离子发生器技术，通过释放正负离子来进一步净化车内空气，并消除病毒和细菌，提升了车内空气质量的净化水平。

4 香氛与空气净化系统工作原理

4.1 香氛系统原理

香氛系统通过电子装置将香味传输至汽车空调系统，通过空调送风将清新怡人的香味均匀散发至整个车内空间。这种方式确保香味在车内各个角落均匀分布，提升乘坐体验。

4.2 空气净化系统原理

空气净化系统利用机器内的微风扇（通风机）使车内空气循环流动。污染的空气通过机内的 PM2.5 过滤网和活性炭滤芯，将各种污染物过滤或吸附。然后，空气经过装在出风口的负离子发生器，负离子发生器通过高压产生直流负高压，将空气电离，产生大量负离子，被微风扇送出的负离子气流能够清洁和净化空气，达到提高空气质量的目的。

5 香氛与空气净化系统特点

安全驾驶提醒/预防疲劳驾驶体验：当系统监测到驾驶员的疲劳状态时，会自动释放提神醒脑的香氛，帮助驾驶员恢复状态，确保驾驶安全。

更换提醒：车辆上电后，内置传感器会自动识别香氛瓶的状态。插入香氛瓶后，界面显示香氛瓶的剩余寿命。当香氛即将用完时，系统通过屏幕提醒用户及时更换。

净化座舱内空气：内置高效空气净化器，能够过滤空气中的颗粒物、细菌和有害气体，自动检测并净化环境空气质量，保持车内清新。

多种香味自由切换：系统配备多种香味香氛，用户可以根据个人喜好自由切换香氛类型，提供个性化的车内香氛体验。

智能识别香味：每种香氛瓶内置专门的控制芯片和 ID，通过智能控制器识别不同香氛瓶的位置，并自动释放对应的香氛。

隐藏式智能出风口：某些系统采用隐藏式智能出风口，将香氛净化系统隐藏安装在副驾驶储物盒或扶手箱内，不影响原车内饰且方便更换香水，适用于所有车型。

自动对准功能：采用磁吸技术，插入香氛瓶时无须特意对准，通过磁力吸附完成安装，并自动回正到出香位置，拔出时只需轻轻拉出，操作舒适便捷。

挥手感应：支持手势控制进行喷雾散香，挥手即可启动或停止散香功能。

蓝牙/手机App智能升级控制：系统可以与智能手机结合，通过App操作查看香氛剩余容量，调节精油雾化强弱、间隔和工作时间，打造个性化的私密空间。

情景模式：系统根据不同模式自动释放对应的香氛，用户也可以手动调节香氛的释放浓度和类型，适应各种使用场景。

6 主机厂香氛与空气净化系统

6.1 仰望 U8

仰望 U8 这款豪华新能源硬派越野车香氛与空气净化系统以"二十四节气"为主题（图3-2-2），以琥珀为基调，将中国传统文化和现代美学融合演绎东方气味美学，散发出的木质东方香调，古典雅致。

图 3-2-2 仰望 U8 香氛与空气净化系统

6.2 智己 L7

智己 L7 打造了极具特色的智能香氛与空气净化系统，为纯净的座舱空间融入大自然的清香（图3-2-3）。在强大的软硬件架构支持下，3 款不同香型的香氛可配合不同场景智能触发，帮助你消除疲惫、舒缓情绪，带来酣畅呼吸自然香气的纯净体验。

此外，该系统还具备香氛识别、智能调节、浓度选择、中控屏调节、更换提醒、Onehit 场景联动、场景设置联动、隐喻式设计等特点。

图 3-2-3　智己 L7 智能香氛与空气净化系统

6.3　蔚来 ES6

　　蔚来 ES6 配备的智能香氛与空气净化系统采用磁吸技术，手握香氛瓶，对准安装孔，轻轻放手，香氛瓶就会通过磁力吸附完成安装。而通过香氛瓶内置的芯片，系统会自动识别香味，见图 3-2-4。

　　多种香味自由切换，当切换至指定香氛味道，内部阀门会自动打开，香味通过空气流动释放，通过在中控屏操作，或与 NOMI 交互，三种香味可以在系统内部自动更换。

　　当监测到驾驶者的疲劳状态时，还可自动释放提神醒脑的香氛，确保驾驶安全。同时，整个香氛与空气净化系统采用独立架构，香味通过中控屏后方的三角板释放，无论空调运转与否都可使用，从此告别空调出风口上那一排需要频繁替换的瓶子。

图 3-2-4　香氛瓶

7 国内外香氛与空气净化系统厂商

国内外香氛与空气净化系统厂商见表3-2-1。

表3-2-1 国内外香氛与空气净化系统厂商

供应商	香氛与空气净化系统
法雷奥	空气滤清器（含滤芯产品）、PM2.5传感器、离子发生器、Oxy'Zen综合空气质量管理系统、高级座舱空气过滤系统、空气净化器附带香氛系统
电装	空气滤清器（含滤芯产品）、PM2.5传感器、空气净化器、等离子发生器、空气净化器附带香氛系统
马勒	空气滤清器（含滤芯产品）、模块化香氛系统
Hanon	空气滤清器（含滤芯产品）、模块化香氛系统
SAILING	PM2.5传感器、负离子发生器、AQS空气质量管理系统、前装香氛系统
四方广电	负离子发生器、香氛发生器

技能实训

思考与练习

单选题：

1. 汽车智能香氛与空气净化系统的控制方式包括以下哪些？（　　　）

A. 仅通过微信小程序

B. 仅通过语音控制

C. 通过微信小程序、语音或智能控制面板等多种智能方式

D. 仅通过智能控制面板

2. 空气净化系统在何时开始普遍搭载负离子发生器？（　　　）

A. 20世纪80年代

B. 2000年

C. 2010年

D. 近年

3. 香氛系统最早在哪个汽车型号上首次引入？（　　　）

A. 仰望 U8

B. 智己 L7

C. 蔚来 ES6

D. 迈巴赫—齐柏林

4. 智己 L7 的香氛与空气净化系统具有哪些特点？（　　　）

A. 仅有一种香型

B. 不具备智能调节功能

C. 具备香氛识别、智能调节、浓度选择等特点

D. 不能与中控屏进行交互

判断题：

1. 香氛与空气净化系统的发展历程起源于 20 世纪 80 年代。（　　　）

2. 空气净化系统的原理是通过微风扇使车内空气循环流动，并通过负离子发生器将空气不断电离以净化空气。（　　　）

3. 所有车型都可以加装隐藏式智能出风口的香氛与空气净化系统。（　　　）

4. 蔚来 ES6 的香氛与空气净化系统采用独立架构，无须依赖空调运转。（　　　）

1 实验目的

登录"智能座舱 SOA 原子服务管理平台"（网址：http://yunxiaochan.com）。

2 任务实施

2.1 构思智能座舱场景

问题思考：在长时间的驾驶过程中，驾驶员往往因连续驾车而感到疲劳，一些驾驶员可能会选择吸烟来提神。然而，这种做法不仅存在安全隐患，还可能对车内环境造成负面影响。考虑到这些问题，我们能否利用香氛与空气净化系统来帮助驾驶员缓解疲劳，并减轻吸烟对车内环境的损害呢？

解决方案：通过构思一套"疲劳缓解"场景，利用香氛与空气净化系统为驾驶员提供一个舒适的驾车环境。

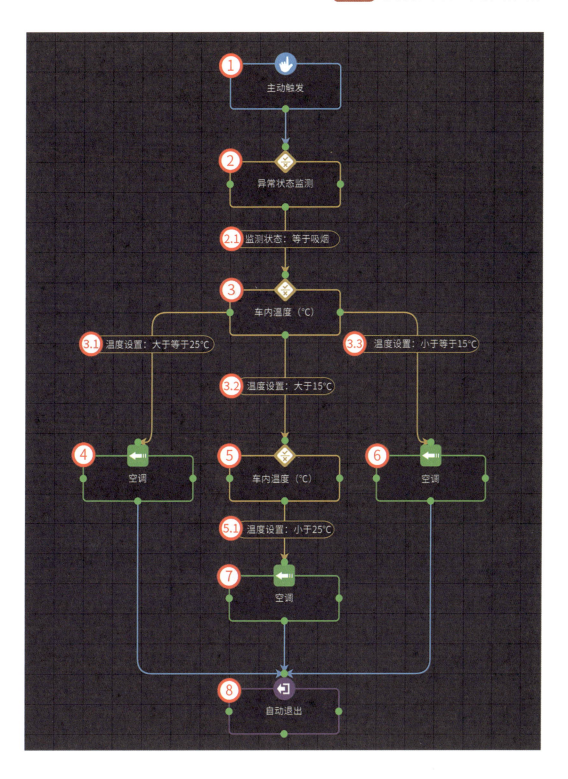

2.2 详细设置

实验步骤			
 **设置开始条件** 初始状态： 默认 开始方式： 电源模式：RUN	 **设置判断条件** IMS 监测	 分支 1 IMS 监测 – 异常状态检测等于吸烟 流转至③	 **设置判断条件** 前置判断条件：环境温度
 分支 1 环境温度：车内温度大于等于 25℃ 流转至④	 分支 2 环境温度：车内温度大于 15℃ 流转至⑤	 分支 3 环境温度：车内温度小于等于 15℃ 流转至⑥	 **设置执行** 空调 主驾空调模式设置：吹脸吹脚和除霜 主驾空调温度设置：16℃ 空调开关设置：打开 空调内外循环状态：外循环 空调 A/C 模式设置：开启 空调风量调节：7 挡
 **设置判断** 环境温度	 分支 1 环境温度 – 车内温度小于 25℃ 流转至⑦	 **设置执行** 空调 主驾空调模式设置：吹脸吹脚和除霜 主驾空调温度设置：30℃ 空调开关设置：打开 空调内外循环状态：外循环 空调风量调节：7 挡	 **设置执行** 空调 主驾空调模式设置：吹脸 主驾空调温度设置：21℃ 空调开关设置：打开 空调内外循环状态：外循环 空调 AUTO 模式设置：开启 空调风量调节：3 挡

续表

实验步骤			
 设置退出方式 电源模式：OFF			

2.3 运行检验

点击运行，检查运行结果。

任务三　智能座椅

学习目标

● **知识目标**

1. 理解智能座椅的概念和功能。

2. 掌握智能座椅的组成部分及其功能特点。

3. 理解智能座椅的应用场景和未来发展方向。

● **技能目标**

1. 能够通过阅读理解内容，提取关键信息，包括智能座椅的组成、功能和应用。

2. 能够根据文章内容，设计单选题和判断题，以测试对智能座椅相关知识的掌握程度。

3. 能够运用所学知识，分析智能座椅的发展趋势，包括安全性、舒适性、轻量化和智能化等方面。

● **素养目标**

1. 培养学生对新技术的敏感性和应用意识，提高对汽车智能化发展趋势的理解能力。

2. 培养学生的信息获取和处理能力，通过阅读理解文章内容，提升信息筛选和归纳总结的能力。

3. 培养学生的批判性思维和判断能力，能够对文中所提及的观点进行分析和评价，形成独立见解。

1　智能座椅概述

汽车座椅是汽车的重要组成部分，是乘坐者最直接的载体，其产品品质不仅直接影响乘坐者的舒适度，还能在发生事故时最大限度地保护乘坐者，避免二次碰撞。相较于传统座椅，智能座椅在保持原有功能的基础上，支持更多的座椅姿态调节，如水平、高度、靠背调节，还包括旋转、腿托、肩部和侧翼调节，以实现最舒适的坐姿。智能座椅还支持加热、通风、按摩、记忆和迎宾等功能。为了满足不同应用场景的需求，智能座椅可以识别相应场景后快速调整到合适姿态。

智能座椅与传统座椅的另一个重要区别在于其智能化程度。智能座椅能够实时监测乘坐者的生理指标，如体温、心率和呼吸频率，分析其健康状态。当识别到生理指标异常时，智能座椅可以主动提供按摩、降温或加热，帮助乘坐者恢复到健康舒适的状态。采集到的生理特征数据还可以传送到云端进行健康管理，让乘坐者实时了解自身的身体状况（图 3-3-1）。

图 3-3-1 健康管理

2 智能座椅的工作原理

传统汽车座椅一般由头枕、靠背、坐垫、调节装置、安全保护装置和座椅骨架等几部分组成。随着智能座舱应用场景的发展，催生出一系列休闲、娱乐、安全、健康等用户需求。传统座椅已无法满足这些多样化需求，未来智能座椅的发展方向将以提供更安全、更舒适、更智能化、更健康的体验为目标。除了传统座椅的基本装置外，智能座椅新增以下装置，见图 3-3-2。

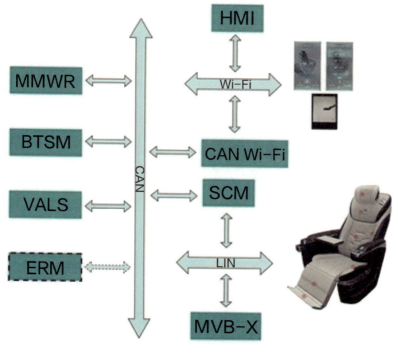

图 3-3-2 智能座椅的组成

座椅控制器 SCM：智能座椅的核心，负责检测健康指标，识别当前应用场景，并根据需求调整座椅到合适的姿态。

心率呼吸监测模块 MMWR：采用毫米波雷达方案，实现非接触式监测用户的呼吸及心率，测量误差小于 5%。

体温监测模块 BTSM：使用点阵式红外温度传感器，采集探头范围内的温度分布，通过算法提取出人脸温度，实现实时监测用户面部温度的目的，准确度达到 ±0.3℃。

人机交互界面 HMI：提供操作界面，显示当前智能座椅的状态及用户的生理指标，便于用户进行调节和查看。

氛围灯 VALS：采用了多色氛围灯，不同的座椅模式下氛围灯会呈现不同的显示效果，如加热时呈现红色呼吸效果等，营造适宜的车内氛围。

MVB-X 按摩模块：用于进行按摩动作，支持多种按摩模式和力度，提升乘坐舒适度。

CAN Wi-Fi：协议转换模块，用于 CAN 和 Wi-Fi 协议的转换。

3 智能座椅应用

自适应调节功能：智能座椅通过感知用户的身体特征和乘坐姿势，自动调整座椅的角度、高度、硬度等（图 3-3-3），提供最佳的支撑和舒适度。

图 3-3-3　智能座椅

智能按摩功能：智能座椅配备按摩机构，通过模拟人手按摩的方式，为乘坐者提供舒缓疲劳的按摩功能，促进身体的放松和血液循环。

温度控制功能：智能座椅配备了加热和制冷系统，根据用户的需求自动调节座椅温度，提供最适宜的乘坐环境。

安全预警与警示功能：智能座椅内置传感器系统，能够感知驾驶员的状况，如疲劳、注意力不集中等，及时发出预警和警示信号，提醒驾驶员调整状态，增强驾驶安全意识。

娱乐与信息交互功能：智能座椅可以与车载娱乐系统和智能手机等设备进行连接，提供音频、视频、网络等娱乐功能，并与驾驶员的智能手机进行数据共享和信息传递，实现更便捷的交互体验。

健康监测功能：实时采集用户的生理特征，包括体温、心率和呼吸，并进行数据的分析，识别出用户的健康状态。当用户体征异常时座椅会自动开启按摩、通风或加热，来缓解用户的不适感。

零重力功能：在休闲状态下，座椅可以自动调整到零重力的姿态，营造出外太空的失重感，消除压迫感，实现全身放松，降低疲劳感。

一键场景设置：设置不同驾驶状况下座椅的位置，当相应的场景触发后，座椅可以迅速调整到理想的姿态，提供个性化的乘坐体验。

4 智能座椅发展方向

4.1 座椅安全性

目前广泛应用的座椅安全技术主要在车辆事故发生时被动地保护乘客，通常缺乏主动感知乘客状态并调整安全装置的功能。相比之下，驾乘人员安全监控技术能够主动感知乘客状态并动态调整安全装置，提供更个性化的保护。在未来座椅设计具有更多自由度的情况下，这种技术可以为每位乘客提供更高级别的安全保障。其工作原理是使用摄像头和座椅传感器监控乘客的坐姿，并根据乘客在不同座椅位置的姿态动态调整安全气囊的部署策略，避免乘客因靠近安全气囊部署点而在事故中受伤。

4.2 座椅舒适性

未来座椅的灵活性设计将超越简单的调节功能，实现车内座椅的全方位自由调节。例如，配备纵向和横向滑轨的座椅，无论位于前排还是后排，都能够实现前后左右的灵活移动。此外，座椅还能在空间维度上进行360°旋转调整，满足驾驶、家庭聚会、会议或个人独享等多种场景需求。这种设计大幅提升了车内空间的使用灵活性和舒适度，适用于不同的使用场景。

4.3 座椅轻量化

智能座椅的轻量化设计主要体现在结构精细化设计和合理应用轻量化材料两个层面。首先，结构尺寸的合理优化需在提升智能座椅承载压力和振动频率的前提下，针对部分结构进行合理化减重。其次，在材料方面，可以使用碳纤维等复合材料进行减重，从而达到轻量化设计的目标。

4.4 座椅智能化

未来的座椅将是智能化软硬件的集合体，具备自主感知、识别、调节及学习能力，能够更好地适应并满足乘员需求。智能调节技术通过视觉摄像头和压力传感器感知驾乘人员的体重、身高、关节尺寸等信息，在驾乘人员进入车内后，座椅可根据这些信息智能调节至合适的位置状态。此外，在多场景座舱环境下，座椅还能根据不同场景需求快速响应，调整至相应状态。

不仅如此，座椅还能记住每位驾乘人员的体态特征信息，提供定制化服务。座椅的健康感知技术通过集成在座椅中的传感器，实时感知并收集乘员的心率、呼吸速率、人体温度和头部状态等生理数据，分析这些数据判断驾乘人员是否处于晕车、疲倦或压力状态，并自动进行空调、加热、通风、按摩和车内灯光环境等调节，帮助驾乘人员恢复健康状态。此外，这些健康生理数据还会不断传输到云端健康管理系统，帮助驾乘人员管理自身健康状态。

5 主机厂智能座椅应用介绍

5.1 理想 MEGA

全车 7 座标配座椅加热，一二排标配座椅通风、SPA 级 16 点按摩（图 3-3-4）。创新 270° 环抱加热，从坐垫、靠背延续至扶手和腿托。10 层座椅结构设计，坐垫采用零压感海绵，超柔软慢回弹。

创新的主驾坐垫 3 挡软硬可调，能联动魔毯空悬自动切换挡位。驾驶时有效缓解臀部压力，短途软、够舒坦，长途承托强、不疲劳。副驾皇后座标配能加热的电动一体式腿托，腿部空间宽裕，100° 大躺角，SPA 级 16 点按摩，配合座椅加热和通风。

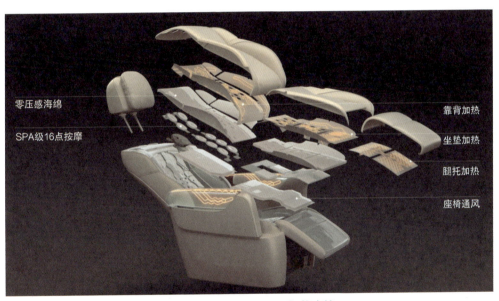

零压感海绵

SPA级16点按摩

靠背加热

坐垫加热

腿托加热

座椅通风

图 3-3-4　理想 MEGA 智能座椅

5.2 理想 L7

该车配备皇后座椅功能，可一键打开"皇后座"模式电动脚托自动展开（图 3-3-5），二排靠背调至 40°，副驾前移，二排腿部空间最大可拓展至 1160mm。另外，支持 SPA 级 10 点按摩、3 挡座椅通风、3 挡座椅加热，第一排座椅放平和第二排座椅连成平整的"单人床"。

图 3-3-5　理想 L7 智能座椅

6　国内外智能座椅厂商

6.1　佛瑞亚

　　光影炫动座椅（LUMI）作为佛瑞亚集团先进的座椅光影技术，LUMI 技术将超薄 LED 面板无缝集成到前排驾驶员和乘客座椅中，当驾驶员靠近汽车时，可实现极具视觉吸引力的照明显示，并通过转换色调反映驾驶模式，让驾驶者轻松识别驾驶状态，见图 3-3-6。

图 3-3-6　光影炫动座椅

6.2 科思创

科思创与广汽研究院携手，利用其热塑性复合材料为广汽集团最新电动概念车 ENO.146 打造轻量化座椅。其前排座椅的背板由科思创的 Maezio™ 连续纤维增强热塑性复合材料制成，见图 3-3-7。与传统金属相比，采用该复合材料可使背板减重多达 50%。

图 3-3-7 轻量化座椅

思考与练习

单选题：

1. 智能座椅的主要功能包括什么？（　　　　）

A. 蓝牙连接

B. 加热、通风、按摩等功能

C. GPS 导航

D. 汽车喇叭

2. 智能座椅的组成中，以下哪个不是智能座椅新增的装置？（　　　　）

A. 心率呼吸监测模块

B. 人机交互界面

C. 安全气囊

D. CAN Wi-Fi

3. 智能座椅具有哪项功能可以实现驾驶员的安全预警与警示？（　　　）

A. 音频功能

B. 气味传感器

C. 内置传感器系统

D. 多彩氛围灯

4. 座椅轻量化设计主要体现在哪两个方面？（　　　）

A. 结构精细化设计和材料的厚实度

B. 结构精细化设计和合理应用轻量化材料

C. 结构的加强和座椅表面的装饰

D. 材料的多样化和内置功能的增加

5. 智能座椅的未来发展方向包括以下哪个？（　　　）

A. 更高级别的安全保障

B. 只实现基本的座椅调节功能

C. 忽略用户的生理指标

D. 降低车辆内的智能化水平

判断题：

1. 智能座椅具有自主感知、识别、调节及学习能力。（　　　）

2. 智能座椅的按摩功能无法缓解乘坐者的疲劳。（　　　）

3. 智能座椅的温度控制功能只能手动调节，不能根据乘坐者的需求自动调节。（　　　）

4. 零重力功能可以营造出外太空的失重感，让乘坐体验更加轻松舒适。（　　　）

5. 座椅健康感知技术可以通过分析乘员的生理数据来判断其是否处于晕车、疲倦或者压力状态，并进行相应的调节。（　　　）

拓展训练

1　实验目的

登录"智能座舱 SOA 原子服务管理平台"（网址：http://yunxiaochan.com）。

2 任务实施

2.1 构思智能场景

问题思考：有时一个家庭只有一辆汽车，但是经常会有不同的人根据需求进行驾驶，这个时候因为不同的人开车，座椅的习惯也会有所不同，每次更换都需要对座椅进行调节，哪怕在传统座舱中含有座椅记忆的功能，也需要每次更换驾驶人员时手动调节，请思考通过智能座舱，如何使用户无须额外操作，就可以直接享受到智能座椅的功能与便利。

解决方案：创建"驾驶员座椅调节"场景，通过智能座舱对驾驶员的智能识别与环境识别，自动调节到驾驶员的舒适模式。

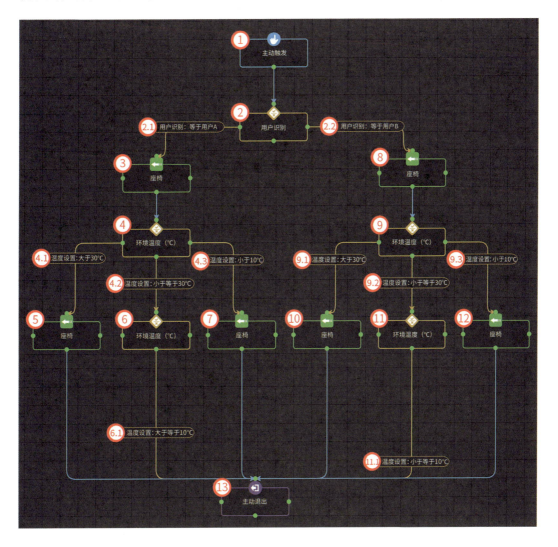

2.2 详细设置

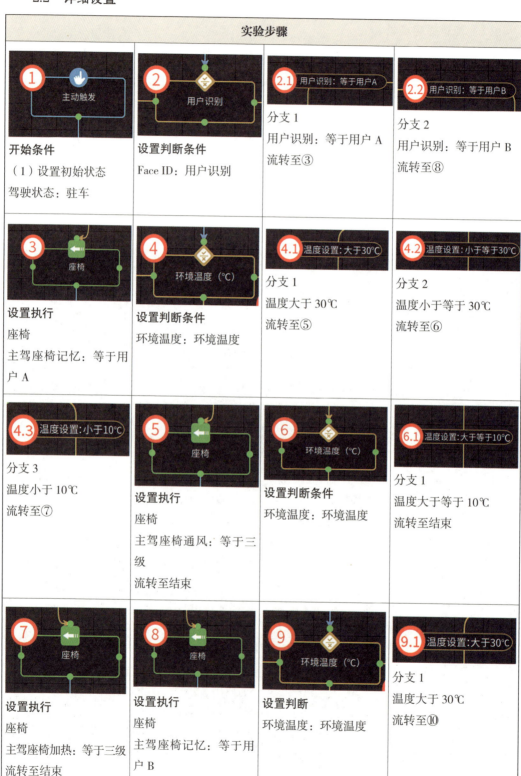

实验步骤			
① 主动触发	**②** 用户识别	**2.1** 用户识别：等于用户A	**2.2** 用户识别：等于用户B
开始条件 （1）设置初始状态 驾驶状态：驻车	**设置判断条件** Face ID：用户识别	分支1 用户识别：等于用户 A 流转至③	分支2 用户识别：等于用户 B 流转至⑧
③ 座椅	**④** 环境温度（℃）	**4.1** 温度设置：大于30℃	**4.2** 温度设置：小于等于30℃
设置执行 座椅 主驾座椅记忆：等于用户 A	**设置判断条件** 环境温度：环境温度	分支1 温度大于 30℃ 流转至⑤	分支2 温度小于等于 30℃ 流转至⑥
4.3 温度设置：小于10℃	**⑤** 座椅	**⑥** 环境温度（℃）	**6.1** 温度设置：大于等于10℃
分支3 温度小于 10℃ 流转至⑦	**设置执行** 座椅 主驾座椅通风：等于三级 流转至结束	**设置判断条件** 环境温度：环境温度	分支1 温度大于等于 10℃ 流转至结束
⑦ 座椅	**⑧** 座椅	**⑨** 环境温度（℃）	**9.1** 温度设置：大于30℃
设置执行 座椅 主驾座椅加热：等于三级 流转至结束	**设置执行** 座椅 主驾座椅记忆：等于用户 B	**设置判断** 环境温度：环境温度	分支1 温度大于 30℃ 流转至⑩

续表

实验步骤			
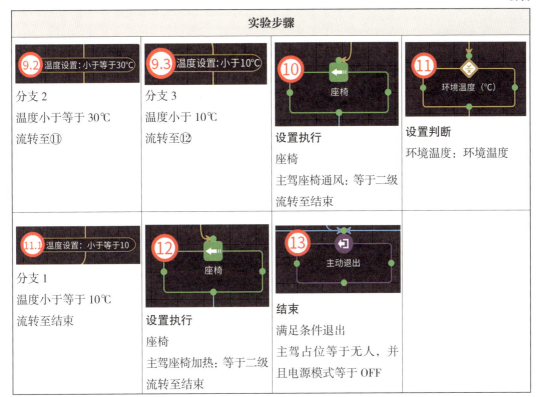			

9.2 温度设置：小于等于30℃

分支 2
温度小于等于 30℃
流转至⑪

9.3 温度设置：小于10℃

分支 3
温度小于 10℃
流转至⑫

⑩ 座椅

设置执行
座椅
主驾座椅通风：等于二级
流转至结束

⑪ 环境温度（℃）

设置判断
环境温度：环境温度

11.1 温度设置：小于等于10

分支 1
温度小于等于 10℃
流转至结束

⑫ 座椅

设置执行
座椅
主驾座椅加热：等于二级
流转至结束

⑬ 主动退出

结束
满足条件退出
主驾占位等于无人，并
且电源模式等于 OFF

2.3 运行检验

点击运行，检查运行结果。

任务四 智能方向盘

● 知识目标

1. 了解智能方向盘的概述和重要性、发展方向和技术应用。

2. 掌握智能方向盘的发展历程，包括其起源和演变过程。

3. 认识智能方向盘的发展意义，特别是在智能交通和无人驾驶技术中的作用。

● 技能目标

1. 能够描述智能方向盘的功能和技术特性。

2. 能够分析智能方向盘在不同驾驶场景中的应用及其对驾驶体验的提升。

3. 能够解释智能方向盘中的核心传感器技术及其工作原理。

● 素养目标

1. 培养对智能汽车和智能驾驶技术的兴趣和敏感性，增强对未来交通科技发展的洞察力。

2. 提高信息获取、整合和分析的能力，增强解决复杂技术问题的综合能力。

3. 培养技术创新和科技应用的价值观，理解科技进步对社会发展的积极影响，倡导积极适应和推动科技变革的态度。

1 智能方向盘概述

随着社会的发展，汽车已经是人们出行的重要代步工具之一，方向盘则是驾驶员在驾驶过程中接触时间最长、使用频率最高的部件，方向盘设计的好坏直接影响驾驶员的驾驶舒适度、操作便捷性以及驾驶安全性。随着智能交通、无人驾驶技术的普及，汽车及其零部件的造型和操作方式也在发生变化，用户的需求也变得更加的多元。

2 方向盘的发展历程

汽车的诞生可以追溯到 19 世纪末期，具体在 1886 年左右，卡尔·本茨（Karl Benz）和戈特利布·戴姆勒（Gottlieb Daimler）几乎同时发明了汽车。本茨的成就更为显著，因为他是第一个为他的三轮汽车申请专利的人。他们的早期汽车原型很大程度上受到了马车的设计影响，而在设计转向系统时，他们借鉴了船只的舵柄（Tiller）的设计元素。这些设计奠定了现代汽车转向系统的基础，见图 3-4-1。

图 3-4-1 舵柄（Tiller）的设计

但是后来大家发现，在汽车上使用 Tiller 这种机构非常不方便。因此，圆形的方向盘应运而生，其提供了更直观、更方便的转向控制方式。据记录，圆形方向盘的第一次使用可以追溯到 1894 年，在巴黎—鲁昂的汽车拉力赛中，由 Alfred Vacheron 驾驶的 Panhard 4 hp 车型首次采用了这种设计。这一创新很快被其他汽车制造商采纳，并最终成为汽车转向系统的标准配置。Panhard 品牌后来成为雷诺的一部分，而这一历史性的设计变革至今仍然是汽车发展史上的重要里程碑，见图 3-4-2。

圆形方向盘出现几十年后，最初一直是一个简单的木质圆圈，仅作为转向的执行部件。完成转向本身已经很费力，因此，没有赋予方向盘更多的功能。直到动力转向的出现，情况才有所改观。动力转向系统的发明再次受到了船用动力转向系统的启发，而其中一个重要的名字是 Francis W. Davis。他在 1931—1943 年间，基于船用动力转向系统提出了 5 项汽车动力转向的专利，奠定了现代汽车动力转向系统的基础，见图 3-4-3。

图 3-4-2　圆形方向盘

图 3-4-3　现代汽车动力转向系统

多功能方向盘的发展经历了多次重要升级。最早出现在方向盘上的功能是电子喇叭按钮。到 20 世纪 60 年代，一些汽车制造商将巡航控制开关装到了方向盘上。20 世纪 70 年代，安全气囊被集成到方向盘中。进入 20 世纪 90 年代，随着车载影音娱乐系统的普及，车辆需要大量开关进行控制，而这些开关和按钮必须在驾驶员手可触及的范围内。由于中控台的空间越来越有限，更多的按钮被增加到方向盘上，从而实现了多功能方向盘的广泛应用，见图 3-4-4。

图 3-4-4 多功能方向盘

随着智能座舱的整体发展，方向盘的功能再次迎来升级，更多丰富的功能不断出现在方向盘上（图 3-4-5）。如今，方向盘不仅用于转向，还集成了控制多媒体、电话、导航和驾驶辅助系统等多种功能。展望未来，若无人驾驶 Level 5 实现，方向盘可能会彻底消失，取而代之的是一个广义上的方向指令发送机构，以备不时之需。这将进一步解放驾驶员的双手，提升车内空间的灵活性和乘坐体验。

图 3-4-5 方向盘的功能

3　智能方向盘的发展意义

智能交通、出行，人工智能以及自动识别行驶道路和自动驾驶等问题已经引起国内外学者们的广泛关注。运用大数据分析和人工智能技术，对驾驶人员行为和心理及车辆行驶情况进行监控和快速分析，可以保证道路的顺畅，并将人们从繁重的驾驶任务中解放出来，智能的驾驶和出行方式已经是当今时代发展的必然趋势。

在汽车的部件中，方向盘不仅仅用于转变汽车方向，它是驾驶者与车辆"沟通交流"的最重要媒介。驾驶体验不仅来自行驶的平稳度和速度，更取决于方向盘传递的感觉。在智能化时代，方向盘与驾驶员的频繁接触使其成为传递大数据的媒介。一款优秀的方向盘对车辆内饰氛围的营造和驾驶体验的提升都有巨大影响。

通过产品设计的思维和分析方法，深入挖掘和分析驾驶员的需求，结合科技的发展，可以提高用户体验，使方向盘更加智能化、前沿化，更符合智能出行的要求。

4　智能方向盘的工作原理

方向盘的美观性体现在其整体形态、内饰风格和功能的合理搭配上。智能方向盘由于更注重科技感，通常颜色更加统一，多用素色，并配合灯光效果，给人带来强烈的科技感。其基本功能仍然是最重要的，但智能方向盘通过搭载大数据监测和物联网技术，实现了更高的安全性、便利性和舒适性，满足了驾驶员在智能驾驶时代的多方面需求。

4.1　压力传感器辨别驾驶员抓握方向盘情况

压力传感器基于压阻效应，在介质发生微小形变时感应压力。这些传感器安装在方向盘规范放置手的位置（九点和十点，三点和四点之间），能够及时感应驾驶员的驾驶情况。当压力传感器没有检测到压力信号时，汽车的中控系统会发出提示。在更加紧急的情况下，系统会切换到自动驾驶模式。

4.2　光学心率传感器测驾驶员心率变化

人的心率变化可以反映身体状况和情绪状态。在常放置大拇指的区域设置光学心率传感器（图3-4-6），可以实时监测驾驶员的心率。当检测到驾驶员的身体或情绪异常时，系统会发出警报，并通过语言或音乐来舒缓情绪，或引导驾驶员暂时停车休息。

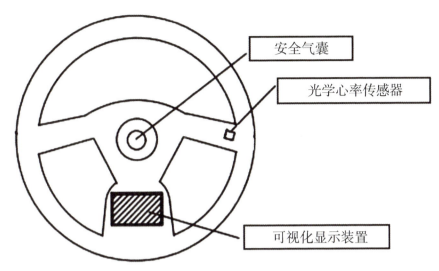

安全气囊

光学心率传感器

可视化显示装置

图 3-4-6　光学心率传感器

4.3　眼动传感器分析疲劳驾驶

驾驶员的面部和眼神状态可以用来分析疲劳驾驶。疲劳驾驶时，驾驶员的眼睛开度变小、眨眼过程变慢、眨眼频率异常升高、眼睛凝视方向逐渐向下移动、眼球运动速度变慢。通过眼动仪结合大数据的实时分析，系统可以快速对疲劳驾驶的驾驶员做出及时反馈。

4.4　电化学传感器测酒精浓度

电化学传感器可以检测驾驶员呼出的酒精浓度，再结合光学心率传感器的测量，判断驾驶员是否酒驾。如检测到酒驾情况，系统可以发出提醒或切换到自动驾驶模式。

4.5　体温传感器

路怒症驾驶员情绪不稳定，常伴有拍打方向盘等肢体动作，可能导致安全气囊弹出，甚至违反交通规则。人在发怒时体温会上升，通过体温传感器监测驾驶员情绪，可以在情绪不稳定时提出适当的提醒，缓解驾驶员和乘客的情绪。

4.6　5G 时代下的车辆网技术

第五代移动通信技术（5G）具有更快速度、更低延迟和更高能效。物联网和车联网技术依托 5G 网络，可以实现智能化方向盘与车联网的深度融合，使整个系统更加安全和有条理。例如，在突发状况下，汽车可以通过大数据平台规划合理的停车位置。前方路段出现突发状况时，系统能够及时调转车头、切换路线，提升出行安全性。

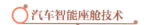

5 国内外智能方向盘厂家

5.1 Origo 方向盘

Origo 方向盘概念旨在通过采用适用于移动设备用户体验的直观控制来减少驾驶员的注意力分散，从而提高安全性，见图 3-4-7。Origo 方向盘这一全新概念改善了驾驶员接收信息的方式：在车辆中配备直观的拇指控制装置，可通过安全的手轮操纵位置进行操作，从而控制非驾驶功能。在各种情况下都能提供相关信息，以确保驾驶员专注于首要任务——安全驾驶。Origo 方向盘概念通过新颖的 3D 触摸传感器取代了不同位置的多种机械控制，这些传感器集成在方向盘中，可以通过手指轻松操作，从而提供类似于智能手机的自然交互。

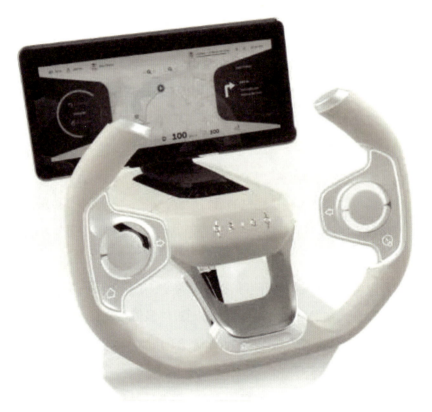

图 3-4-7　Origo 方向盘

Origo 方向盘概念由 Canatu，Siili Auto，Rightware 和 TactoTek 等公司共同创建，它们在项目中都具有独特的专业知识：

·Canatu 提供方向盘上使用碳纳米芽（CNB）薄膜制成的、完全透明的触摸传感器。

CNB 传感器可成型为任何形状，为设计师提供了更高的自由设计度和出色的用户体验

·Siili Auto 设计并实现了智能方向盘的用户界面（UI）。UI 和方向盘的物理形式以及创新的控件无缝集成到独特的用户体验中

·Rightware 提供其市场领先的 HMI 软件工具，包括 Kanzi UI、Kanzi Connect 和 Kanzi Maps，以实现针对此新概念的快速设计、原型设计和直观交互模型的开发

·TactoTek 应用其模内电子技术（IMSE™）来设计和生产智能表面，包括 3D 注射成型设计中的电路，触摸控制和照明

技能实训

思考与练习

单选题：

1. 方向盘的设计对驾驶员的体验影响最大的因素是什么？（　　）

A. 方向盘的形状

B. 方向盘的颜色

C. 方向盘的材质

D. 方向盘的功能

2. 谁是最早在汽车上使用圆形方向盘的人？（　　）

A. 卡尔·本茨

B. 戴姆勒

C. Alfred Vacheron

D. Francis W. Davis

3. 以下哪项不是智能方向盘上常见的功能？（　　）

A. 压力传感器辨别驾驶员抓握方向盘情况

B. 光学心率传感器测驾驶员血压

C. 眼动传感器分析疲劳驾驶

D. 电化学传感器测酒精浓度

4. 5G 时代下的车辆网技术将会使智能方向盘更加安全和有条理，其中 5G 技术相对

于 4G 技术的优势包括（　　　）。

    A. 更快的速度、更高的延迟、更加节能

    B. 更快的速度、更低的延迟、更加节能

    C. 更慢的速度、更低的延迟、更加节能

    D. 更快的速度、更高的延迟、更加耗能

判断题：

1. 方向盘的设计直接影响着驾驶员的驾驶舒适度、操作是否方便以及驾驶的安全问题。（　　　）

2. 方向盘的设计最初参考了船的舵柄的设计。（　　　）

3. 动力转向的发明受到了船用动力转向系统的启发。（　　　）

4. 光学心率传感器可以通过检测驾驶员的心率来反映其身体状况和情绪状态。（　　　）

拓展训练

1　实验目的

登录"智能座舱 SOA 原子服务管理平台"（网址：http://yunxiaochan.com ）。

2　任务实施

2.1　构思智能场景

问题思考：驾驶中突发严重心律失常和心肌缺血等，不仅驾驶者有猝死危险，而且有可能造成重大交通事故。请思考通过智能方向盘，智能座舱如何通过提供各种服务来减少事故率，保障驾驶员的生命安全。

解决方案：创建"驾驶员健康服务"场景，通过方向盘监测驾驶员的心率，使智能座舱为驾驶员提供安全保障。

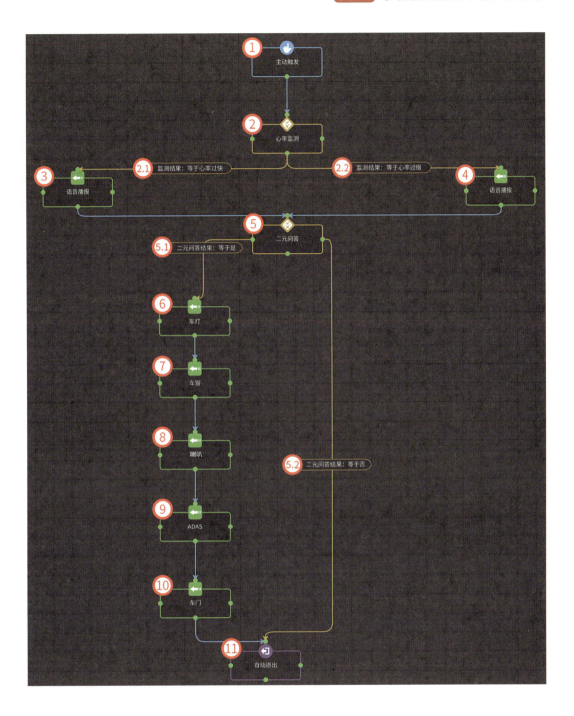

2.2 详细设置

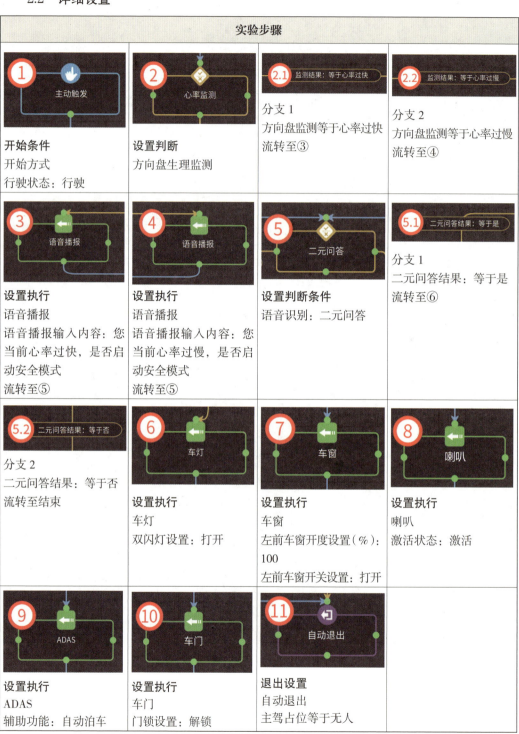

实验步骤			
① 主动触发	② 心率监测	**2.1** 监测结果：等于心率过快	**2.2** 监测结果：等于心率过慢
开始条件 开始方式 行驶状态：行驶	**设置判断** 方向盘生理监测	分支1 方向盘监测等于心率过快 流转至③	分支2 方向盘监测等于心率过慢 流转至④
③ 语音播报	④ 语音播报	⑤ 二元问答	**5.1** 二元问答结果：等于是
设置执行 语音播报 语音播报输入内容：您当前心率过快，是否启动安全模式 流转至⑤	**设置执行** 语音播报 语音播报输入内容：您当前心率过慢，是否启动安全模式 流转至⑤	**设置判断条件** 语音识别：二元问答	分支1 二元问答结果：等于是 流转至⑥
5.2 二元问答结果：等于否	⑥ 车灯	⑦ 车窗	⑧ 喇叭
分支2 二元问答结果：等于否 流转至结束	**设置执行** 车灯 双闪灯设置：打开	**设置执行** 车窗 左前车窗开度设置（%）：100 左前车窗开关设置：打开	**设置执行** 喇叭 激活状态：激活
⑨ ADAS	⑩ 车门	⑪ 自动退出	
设置执行 ADAS 辅助功能：自动泊车	**设置执行** 车门 门锁设置：解锁	**退出设置** 自动退出 主驾占位等于无人	

2.3 运行检验

点击运行，检查运行结果。

项目四　车内环境感知系统

任务一　音频系统

● **知识目标**

1. 理解车载音频系统的概念和发展历程。

2. 掌握车载音频系统的架构组成及其主要模块的功能和工作原理。

3. 了解智能音频系统的重点技术发展方向。

● **技能目标**

1. 能够描述车载音频系统的各个组成部分及其相互关系。

2. 能够分析不同车载音频系统的技术特点和应用场景。

3. 能够解释智能音频系统中的关键技术及其在实际中的应用。

● **素养目标**

1. 培养对智能音频技术的兴趣和敏感性，增强对未来汽车音频系统发展的洞察力。

2. 提高信息获取、整合和分析的能力，增强解决复杂技术问题的综合能力。

3. 培养技术创新和科技应用的价值观，理解科技进步对用户体验和生活质量的积极影响，倡导积极适应和推动科技变革的态度。

1　音频系统概述

随着智能座舱的不断迭代，个性化体验和人机交互感知的要求不断提高，车载音频系统也在不断升级。受益于 DSP 芯片、传感器等智能化底层技术的进步，以及音频算法（如音效算法、移频算法、声浪模拟算法、车内主动降噪、多区域声场重放、扬声器阵列宽带声场控制等声学信号处理算法）的持续提升，音频厂商通过软硬件结合的方式，解决了音频系统在汽车复杂环境下的难点。这样的进步赋予了车载音频系统更大的探索空间，为用户提供了更好的声音体验。

2 音频系统发展历程

1923 年，美国首先出现了装配无线电收音机的轿车（图 4-1-1），随后许多轿车都步其后尘，在仪表板总成上安装了无线电收音机。1930 年诞生于美国芝加哥的 Galvin Manufacturing Co.（高尔文制造公司）推出了世界上第一台车载收音机 5T71，并将产品品牌命名为 Motorola（摩托罗拉）。1936 年，通用汽车的子公司 Delco 生产了第一台集成于仪表板上的汽车收音机，并使用在雪佛兰 Master Deluxe 等通用多个子品牌的车型上。

图 4-1-1　无线电收音机

1952 年，Blaupunkt 蓝宝推出世界上第一台 FM 汽车收音机，型号为 AutoSuper A52KU。1963 年，Becker 推出全固态收音机，实现了汽车音响主机的小型化。1969 年，Becker

推出首款配备立体声输出的汽车音响主机。1974年开始，欧洲部分国家开始推行载波技术，让交通信息随时能向驾驶者推送。2000年后又陆续加入数字广播、卫星广播、数字电视广播等技术。

3 音频系统工作原理

音频系统一般由播放系统和提示音系统（AVAS）组成，见图4-1-2，车载音频系统硬件架构简图见图4-1-3。

中置扬声器
左A柱高频扬声器
行人警示器
左顶棚激励器
右A柱高频扬声器
右顶棚激励器
右前门低频扬声器
右后门高频扬声器
右后门低频扬声器
右后中频扬声器
功放
左前门低频扬声器
左后门高频扬声器
左后门低频扬声器
左后中频扬声器
低音炮

图4-1-2 音频系统

播放系统主要包含主机、调谐器、DSP（数字信号处理器）、功放、扬声器和低音炮。主机作为中央处理器，主要负责音频解码，通常采用软解方式解析在线或本地的音频文件，并通过I2S总线输出音频流。DSP是音效处理的核心模块，接收主机端输入的音频流（二进制数字信号），通过特定算法对信号进行修正、删除和强化。DSP具有可编程性，能够通过延时和相位差等方式动态补偿声场，营造不同的音效效果。经过DSP处理后的音频通常通过4个常规声道输出到功放。功放通过高通和低通滤波处理，将信号分为左右声道和重低音声道，分别传输给低音炮和扬声器进行发声。

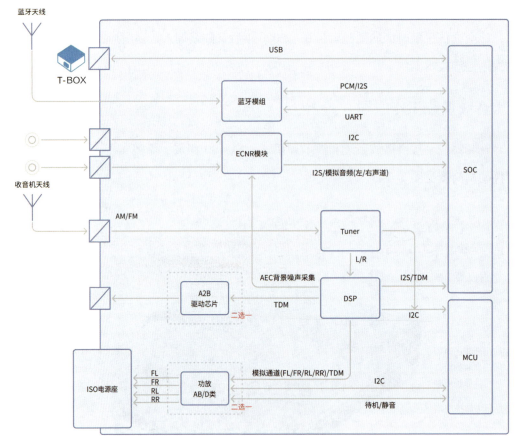

图 4-1-3 车载音频系统硬件架构简图

3.1 蓝牙音频

车载蓝牙系统中的音频主要有两个作用：第一，它利用蓝牙技术与手机连接，实现免提通话，从而解放双手，降低交通事故隐患。车载蓝牙系统可以自动识别移动电话，无须电缆或电话托架即可与手机连接。用户无须接触手机，甚至可以在双手保持在方向盘上的情况下，用语音指令控制接听或拨打电话，并通过车上的音响进行通话。第二，通过与手机连接，车载蓝牙系统可以播放手机上的音乐，使用户在车中即可欣赏到音乐。

在系统框图中，蓝牙模组的音频传输主要通过 PCM/I2S 音频接口进行，UART 则用于指令控制和数据传输。蓝牙串口基于 SPP 协议（Serial Port Profile），可以在蓝牙设备之间创建串口进行数据传输，广泛应用于具有蓝牙功能的电子设备上。

3.2 Tuner 模块

汽车收音机收放音装置，具有降低驾驶员和乘员在乘坐过程中的无聊感和提神作用。通过天线接收的信号会经过无线电接收器（Tuner 模块）对 AM/FM 信号进行调谐、信道过滤、信道均衡、多路改善、解调、立体声解码、噪声抑制以及弱信号处理等，处理完的信号再给到 DSP。

目前汽车主流的收音机采用超外差式工作原理（图 4-1-4），即输入信号与本机振荡信号混合产生一个固定中频信号。这种接收方式被称为超外差式，因为中频信号介于高频信号和低频信号之间，属于超音频信号。

在接收电路中，需要具有一定的通频带，频率响应曲线应为梯形而非尖锐的山峰状。对于一个固定的放大器，在某个固定频段实现带宽放大是可行的，但要在整个频率范围内实现带宽放大则较为困难，无法通过几个晶体管完成。因此，采用固定频带的中频放大器就显得尤为重要。在收音机中，AM 信号的中频固定在 465kHz，FM 信号的中频固定在 10.7MHz。

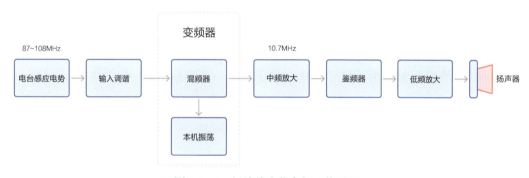

图 4-1-4 超外差式收音机工作原理

3.3 功放

功放，全称功率放大器，其功能是将微弱的电声信号转换为强大的功率能量（进行电压及电流的放大），目的是控制音箱完成最终电能转声能的工作。功放的控制能力直接关系到声音质量，在某种程度上决定了整个系统能否提供良好的音质输出。

目前车载主流的功放有两种类型：

AB 类功放：

AB 类功放的效率较低，在 50%~78.5% 之间。因此，在设计时需要考虑芯片的散热问题。

D 类功放：

D 类功放是数字放大器，具有很高的能量转换效率，通常可达 90% 以上。此外，D 类功放体积小，可靠性强。然而，D 类功放也有一些缺点。由于它处理的是数字信号，高频容易产生高次谐波。对比 AB 类功放，D 类功放的辐射较高，对 EMC（电磁兼容性）测试影响较大。此外，D 类功放的信号完整度不如 AB 类功放高，这主要是因为数字信号还原成模拟声音信号需要通过 LC 低通滤波器，见图 4-1-5。

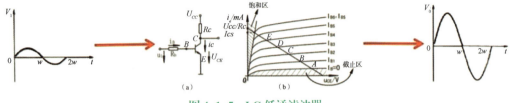

图 4-1-5　LC 低通滤波器

3.4　A2B

ADI（Analog Devices Inc）通过对音频总线的优化，推出 A2B（Automotive Audio BUS）车载音频总线，与传统模拟音频总线相比，A2B 能够提供更出色的音频质量，同时还能大大节省汽车音频线束重量和成本（减少约 75%）。

A2B 总线用于连接车辆中的音频设备（图 4-1-6），如麦克风（MIC）、功放（AMP）、多媒体主机（Head Unit）和 T-BOX 等。通过一条低成本的非屏蔽双绞线 UTP，A2B 能够跨距离传输音频数据（I2S/TDM）、控制信号（I2C）、时钟和电源。数字接口能省去外围的 DAC/ADC 转换，为音频设计提供更简单、更方便的解决方案，同时提高效率。

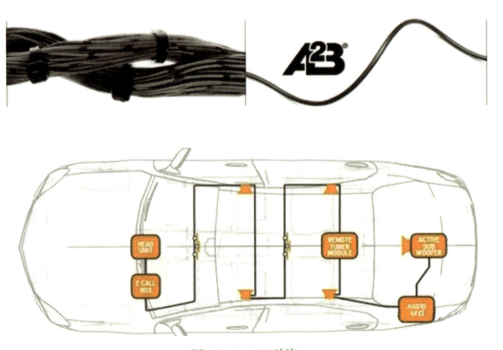

图 4-1-6　A2B 总线

A2B 总线是一款车载高带宽（50 Mbps）、双向、数字音频总线，采用菊花链的结构，属于单主机（Master）、多从机（Slave）系统，最多支持 11 个节点（10 个从节点），节点间距离最长 15m，整个菊花链最长 40m。

A2B 支持跨距离数字音频传输，最多支持 32 个数据通道（上行、下行），常规码率 44.1~48kHz（支持 96kHz、192kHz 高保真音频），总线内嵌时钟和电源。链路小于 50μs 的时延，为 ANC 主动降噪、实时语音识别、高保真音效处理等应用提供可能。

3.5　T-BOX

T-BOX 是汽车网络通信的重要部件，它是一个带通信功能的盒子，内含一张 SIM 卡，并配有 GPS 天线和 4G 天线等硬件。T-BOX 可以提供位置定位和移动网络服务，简单来说，它相当于一个内置 SIM 卡的无线 Wi-Fi，但功能更为丰富。

除了提供无线网络，T-BOX 还支持拨打电话，一般用于拨打常规号码。例如，可以拨打道路救援电话（B-Call）、道路服务电话，通过车载平台拨打给客服以获取服务（I-Call），以及拨打 110 等紧急电话（E-Call）。这些功能使 T-BOX 不仅仅是一个网络通信设备，还在紧急情况和服务需求方面提供了重要支持。

3.6　DSP

DSP 全称数字信号处理器（Digital Signal Processor），主要对音频信号进行处理，简单来说 DSP 的主要作用：

（1）控制频响，可以达到对音频信号进行一定的处理、修饰。

（2）实现增强环绕立体声等特殊音效。例如我们听歌时，有低音、流行、摇滚、布鲁斯等不同选项，选了之后歌的调和声音就不一样了。从另一个方面说，DSP 的作用是提升音质。

3.7　提示音系统 AVAS

AVAS 通常指的是"Acoustic Vehicle Alerting System"，即声音车辆警示系统（图 4-1-7）。这是一种用于电动和混合动力车辆的技术，目的是在低速行驶时发出噪音，以警告行人和自行车骑士，因为这些类型的车辆通常比传统的内燃机车辆更安静。AVAS 系统的主要组成部分通常有声音生成器、控制器、扬声器系统、传感器和接口。

图 4-1-7　声音车辆警示系统

4　智能音频系统重点技术发展方向

4.1　降噪技术

降噪技术旨在减少车辆内部的噪音，提升乘坐舒适度和音频体验。这种技术可以采用主动或被动的方法。主动降噪通过使用麦克风和扬声器系统实时监测和对抗噪音；被动降噪则通过改善车辆的隔音性能来减少噪音传输。

4.2　多音频分区

可定制的分区音量控制允许车辆中的不同区域具有独立的音量调节功能。这样的系统允许乘客根据个人偏好调整不同区域的音量大小，提供更加个性化的音频体验。

4.3　音效升级技术

音效升级技术旨在提升车载音响系统的音质和立体声效果。这可能包括使用更高品质的扬声器、优化声音处理算法以及提供更多音效调节选项，以满足用户对音频体验的更高要求。

4.4　虚拟场景技术

虚拟场景技术通过使用声音处理算法和多扬声器布局，在车内营造出各种虚拟音频场景。这种技术可以增强音频的立体感和沉浸感，使得乘客仿佛置身于不同的音频环境中，提升车载娱乐体验的感染力和趣味性。

5 主机厂音频系统

5.1 理想 L9

全车拥有 21 个扬声器，功放最大功率高达 2160W，采用杜比全景技术。配备 4D 沉浸式影音系统 7.3.4 全景声音响布局（图 4-1-8），由 7 组扬声器组成全车环绕，3 个重低音单元组成低音矩阵，4 个顶部扬声器组成天空环。高音单元采用铝膜，中音单元采用凯夫拉材质，低音单元采用碳纤维材质。

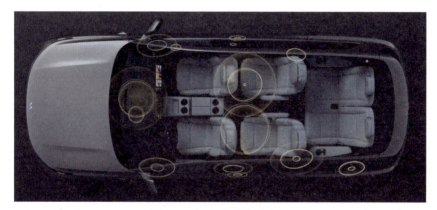

图 4-1-8 全景声音响布局

5.2 理想 MEGA

铂金音响系统 21 个 PSS 扬声器组成 7.3.4 全景声独立 DSP 音频计算单元（图 4-1-9），功放功率 2160W，高音扬声器采用双折环铝膜，中低音扬声器采用 Coscone 技术弯折音盆。

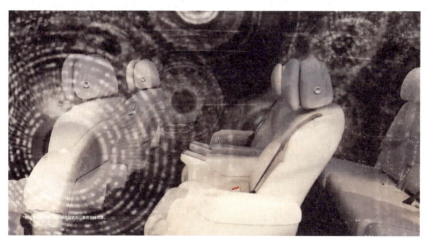

图 4-1-9 铂金音响系统

5.3 蔚来 ES8

23 个顶级材质扬声器，升级版的大功率低音和 3D 扬声器 DiracPro，领先的空间声学算法，杜比全景声，音响功放需高达 2230W，见图 4-1-10。

图 4-1-10　23 个顶级材质扬声器

5.4　XC90

XC90 采用了 Nautilus 鹦鹉螺 TM 扬声器（图 4-1-11），配备共计 19 个 Bowers & Wilkins 扬声器单元，全部经由高效的 D 类放大器驱动，总功率高达 1400W，其将高音单元从扬声器箱体中分离出来，同时，顶置高音单元通过形似鹦鹉螺的后部扩散管道，将反射声音吸收并减少谐振，创造出开阔而富有空间感的纯澈音质。

图 4-1-11　Nautilus 鹦鹉螺 TM 扬声器

6　国内外音频系统厂商

6.1　大陆 Ac2ated 音响系统

大陆 Ac2ated 音响系统舍弃传统的扬声器技术，利用专门研发的激励器让车内的特定表面产生振动，以产生声音。与传统的音频系统相比，Ac2ated 音响系统可将车辆重量和占用空间减少 90%。通过此种方式，该系统不仅可以创造出高质量音频，还非常适用于高度重视节省空间和减轻重量的电动汽车。

6.2　森海塞尔 AMBEO Mobility

森海塞尔通过 AMBEO Mobility 将拥有 75 年历史的音频技术和音频软件产品组合带

到日常驾驶中。AMBEO Mobility 软件不仅提高了终极音频捕捉和复制功能，从而改变了人们体验车载内容的方式。该软件还可作为一个可扩展、具适应性的系统，满足交通需求不断演进的需要，并通过提供沉浸式音乐厅式体验，根据客户的口味和需求，塑造未来的车载音频体验。

6.3 AAC 瑞声科技

受益于过往 30 年在消费电子声学领域的深厚技术积累，AAC 推出多扬声器阵列，包括消振低音 / 超低音扬声器、振感扬声器、顶棚扬声器和头枕扬声器等。

入门级音频系统可在软件算法和调音技术的加持下，以 4-6 通道和 5-6 扬声器系统提供更经济的解决方案，在不增加音频系统总重的情况下，同时满足主机厂的声学要求；优选级音频系统以市场主流的 15 通道和 18 扬声器系统满足中高端车型品牌音响的需求；旗舰级音响系统凭借 32 通道和 39 扬声器系统，让用户畅享近场个人环绕、3D 声场增强、主题空间沉浸环绕、影院级全感 4D 等多重高端体验，见图 4-1-12。

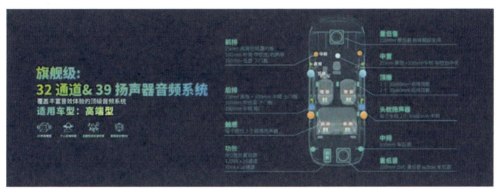

图 4-1-12　AAC 瑞声科技音频系统

技 能 实 训

思考与练习

单选题：

1.车载音频系统的升级主要得益于以下哪项技术的进步？（　　　）

A.内燃机技术　　　　　　　　　B.DSP 芯片和传感器

C.机械制动系统　　　　　　　　D.汽车燃料效率

2.世界上第一台车载收音机是哪家公司推出的？（　　　）

A. 通用汽车公司

B. Blaupunkt

C. Becker

D. Galvin Manufacturing Co.

3. 目前电动车和混合动力车使用 AVAS 系统的主要目的是（　　　　）。

A. 提高燃油效率

B. 警告行人和自行车骑士

C. 增加车内噪音

D. 改善导航系统

4. 在车载音频系统中，功放的主要功能是（　　　　）。

A. 解码音频信号

B. 处理数字信号

C. 将微弱的电声信号转换为强大的功率能量

D. 接收无线电信号

5. D 类功放与 AB 类功放的主要区别是（　　　　）。

A. D 类功放更高的能量转换效率

B. AB 类功放更小的体积

C. D 类功放使用模拟信号

D. AB 类功放有更高的能量转换效率

判断题：

1. 车载音频系统的发展使得驾驶员可以通过语音指令控制接听或拨打电话。（　　　　）

2. 早期的车载收音机只能接收 AM 信号，而现在的车载收音机能够接收包括 FM 和数字广播在内的多种信号。（　　　　）

3. A2B 总线用于车载音频系统，可以减少音频线束的重量和成本，同时提高音频质量。（　　　　）

4. 在车载音频系统中，DSP 仅用于解码音频信号，而不参与音效处理。（　　　　）

5. AVAS 系统在低速行驶时发出噪音，以提醒行人和自行车骑士注意接近的电动或混合动力车辆。（　　　　）

任务二　温度与湿度系统

● 知识目标

1. 了解汽车温度与湿度系统的概述。

2. 理解不同类型汽车（燃油车、电动车、插电混动车）中温度与湿度系统的工作原理及区别。

3. 掌握智能化技术在汽车温度与湿度系统中的应用。

● 技能目标

1. 能够描述不同类型汽车中温度与湿度系统的结构和工作原理。

2. 能够评价智能化技术对汽车温度与湿度系统性能的提升和环保方面的影响。

● 素养目标

1. 培养学生的信息获取能力，包括从文档中获取相关信息并理解。

2. 提高学生分析问题和解决问题的能力，例如分析不同类型汽车中温度与湿度系统的异同。

3. 培养学生的创新意识和应用能力，鼓励他们探索新技术在汽车温度与湿度系统中的应用潜力。

1　汽车温度与湿度系统概述

温度与湿度系统是一套用于调节车内环境温度和湿度的设施，通常包括空调和加热系统。这些系统确保车内环境在不同气候条件下保持舒适，能够冷却或加热车内空气，并控制湿度以防止窗户起雾，从而提升乘坐舒适性和驾驶安全。

这种系统通常集成了传感器，用于实时监测和调整车内温度和湿度，确保其符合驾驶者和乘客的需求。通过自动调节，温度与湿度系统能够在各种气候条件下提供最佳的

车内环境，提升整体驾乘体验。

2 汽车温度与湿度系统发展历程

1927 年，一些汽车制造商开始将发动机散热水箱中的热量导入车厢内，让车厢在冬季能够保持温暖。这成为现代汽车空调暖风功能的原型。1938 年，美国人帕尔德根据电冰箱的原理试制了第一代具有单一制冷功能的汽车空调（图 4-2-1），并将改良后的冷气机安装在林肯 V12 车型上。1939 年，美国帕卡德汽车公司首次在旗下车型上安装了机械制冷器，帕卡德汽车因此被认为是当时的顶级豪华车。然而，由于成本问题，当时市场上配备调温功能的汽车数量有限，空调系统只能选择单冷或单暖功能。

图 4-2-1　单一制冷功能的汽车空调

1954 年，Nash 汽车公司推出了新款冷暖一体空调，用户可以手动进行暖风与冷风的切换（图 4-2-2），这个切换功能一直沿用至今。

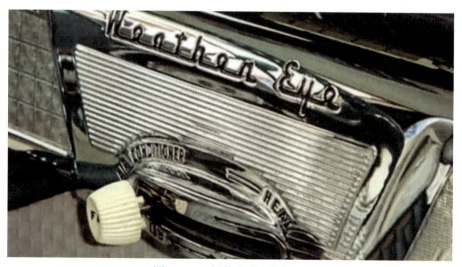

图 4-2-2　新款冷暖一体空调

20世纪70年代，随着家用电器的普及，自动化和电气化技术逐渐进入民用领域，汽车空调也不例外。此时，自动控制空调和数字直观显示开始发展，并逐渐出现可以分区控制的空调系统，为不同的乘客提供适合自己的温度和风量。同时，我国的红旗轿车也首次装配了冷暖一体空调，开启了中国自主豪华汽车制造的大门，见图4-2-3。

进入21世纪，汽车在国内快速普及，冷暖一体空调逐渐成为汽车的标准配置，并进一步发展出双区空调、三区空调和多区空调等功能，以满足不同乘客的需求。

图 4-2-3　红旗轿车

3　温度与湿度系统工作原理

3.1　燃油车

燃油车的制热主要依靠发动机的余热，通过高温冷却液将热量传递到空气中，再由鼓风机将热空气送入乘员舱。制冷则利用蒸发器中的制冷剂汽化来带走周围空气的热量，鼓风机将冷气送入乘员舱，随后通过冷凝器将高压气体重新液化，进行循环，见图4-2-4。

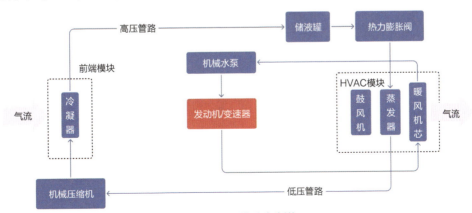

图 4-2-4　燃油车制热

3.2 电动车

制冷原理与传统燃油车相同；由于没有发动机，制热需要新增制热系统，主要有PTC制热与热泵空调两种模式。PTC制热是通过热敏电阻加热周围空气，由鼓风机将暖气送入乘员舱；热泵空调通过四通阀改变制冷剂流向，通过冷凝器中高压气体液化产生的热量加热周围空气，由鼓风机将暖风送入乘员舱。相较于PTC制暖，热泵空调更加节能，可以增加电动车续航里程，见图4-2-5。

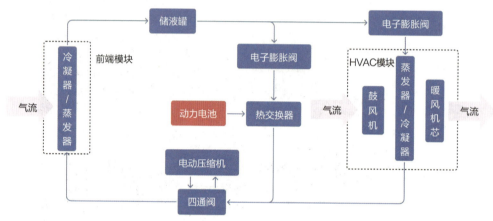

图 4-2-5 电动车制冷原理

3.3 插电混动车

制暖既可以依靠发动机余热，也可以通过热泵空调制热；制冷机理与燃油车类似，见图4-2-6。

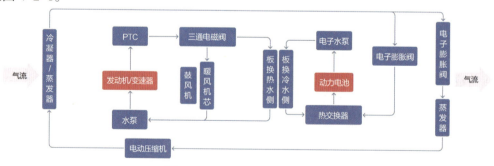

图 4-2-6 插电混动车制冷原理

4 温度与湿度系统发展方向

4.1 智能化

传统汽车空调多为手动调节，需要人工调节温度、风速和出风模式，操作频繁，舒适性欠佳。现代汽车自动空调通过传感器检测车内外温度、太阳辐射、驾乘人员状态等环境变化，自动调节鼓风机转速、出风模式和压缩机工作，保持车内温度和湿度的最佳状态，提高了舒适性。同时，自动空调还能自动检测和诊断故障，缩短检测和维修时间。

4.2　高效节能

汽车空调制冷系统的动力装置是压缩机。传统的定排量压缩机排气量随发动机转速提高而增加，不能根据制冷需求自动调整功率输出，对发动机油耗影响较大。变排量压缩机可以根据设定温度自动调节功率输出，具有结构紧凑、质量轻、能耗低等优势，能耗可减少 30% 以上，因此逐渐成为车用空调压缩机的主要发展趋势。

4.3　环保材料

早期汽车空调使用的制冷剂 R12 对臭氧层破坏严重，自 2000 年起被禁止使用，R134a 作为替代制冷剂被广泛应用，解决了空调匹配和材料等问题，R1234yf 是近年来被广泛应用的新型制冷剂。理想的制冷剂应符合环保法规，ODP（消耗臭氧潜能值）和 GWP（全球变暖潜能值）为零，具备稳定的化学和物理性质，无可燃性和毒性，热力学性能优越，原材料成本低且来源广泛。

5　主机厂温度与湿度系统

智己 LS7 采用 "Air Curtain 空气帘" 技术，能够隔绝穹顶附近的高温。炎炎夏日，当前风挡处温度为 42℃ 时，Air Curtain 空气帘可以将头部体感温度降低至 28℃ 以下，清凉舒适。采用 "热泵 +PTC" 的解决方案，通过智慧网联、智能空调的控制方式，实现了热管理控制的高效和节能。三温区空调，前排的左右两侧各自通过中控屏可独立调节空调温度，后排的空调温度、吹风模式则可以点击中控屏右侧 "后排" 按钮进行调节，或者通过位于中央扶手后侧的空调控制面板来调节。

6　国内外温度与湿度系统厂商

法雷奥推出了乘客舱内表面加热系统，可以通过辐射的方式尽可能地靠近乘客进行加热，这样既不会产生噪声又更为节能。法雷奥 FlexHeater 辐射系统通过暖通空调和座椅加热系统进行智能控制。

技能实训

思考与练习

单选题：

1.汽车温度与湿度系统的主要作用是（   ）。

A.控制车辆速度

B.控制车内环境温度和湿度

C.控制车辆发动机温度

D.控制车辆轮胎气压

2.以下哪个年代标志着美国帕卡德汽车公司第一次将机械制冷器安装在旗下车型上？（   ）

A.1927 年

B.1938 年

C.1954 年

D.1970 年

3.电动车中的制热系统主要有哪两种模式？（   ）

A.水冷制热和电冷制热

B.PTC 制热和热泵空调

C.发动机余热利用和电磁制热

D.传统暖风和太阳能加热

4.汽车温度与湿度系统的发展方向中，高效节能的目标是通过什么方式实现的？（   ）

A.使用更多环保材料

B.采用更大功率的压缩机

C.使用变排量压缩机

D.增加制冷剂的使用量

判断题：

1.汽车温度与湿度系统的发展历程中，最初采用的制热方法是将发动机余热导入车厢内。（ ）

2.1954 年，Nash 汽车公司推出了新款冷暖一体空调，其暖风与冷风的切换功能一直被沿用到现在。（ ）

3. 电动车中的制热系统只有一种模式，即 PTC 制热。（ ）

4. 智能化是汽车温度与湿度系统发展的一个趋势，其中自动控制空调能够根据车内外环境的变化自动调节温度和湿度。（ ）

拓 展 训 练

1 实验设施

登录"智能座舱 SOA 原子服务管理平台"（网址：http://yunxiaochan.com ）。

2 任务实施

2.1 构思智能场景

问题思考：在快节奏的生活和日益增长的工作负担下，越来越多的人选择远足作为释放压力的途径。然而，远足地点往往自然原始，缺乏必要的基础设施。经过长时间的远足，人们不仅感到身体疲惫，更渴望一个舒适的环境来休息和恢复体力。针对这种情况，如何利用智能座舱的温度与湿度控制系统，为疲惫的远足者提供一个理想的休息环境，从而帮助他们更快地恢复体力呢？

解决方案：通过思考创建一套"远足后休息"场景，利用温度与湿度控制系统的智能调节，让驾乘人员得到一个理想的休憩环境，帮助其更快地恢复体力。

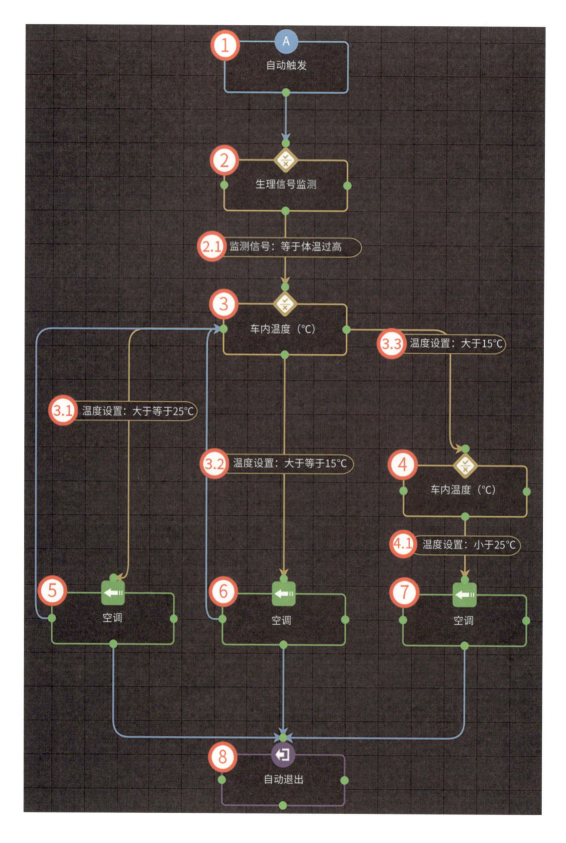

2.2　详细设置

实验步骤			
① 自动触发 **设置开始条件** 初始状态： （1）驾驶状态：驻车 （2）电源模式：RUN 开始方式： 手动开启	② 生理信号监测 **设置判断条件** IMS 监测	2.1 监测信号：等于体温过高 分支 1 IMS 监测—生理信号检测 等于体温过高 流转至③	③ 车内温度（℃） **设置判断条件** 环境温度：车内温度
3.1 温度设置：大于等于25℃ 分支 1： 车内温度大于等于 25℃ 流转至⑤	3.2 温度设置：小于等于15℃ 分支 2 车内温度小于等于 15℃ 流转至⑥	3.3 温度设置：大于15℃ 分支 3 车内温度大于 15℃ 流转至④	④ 车内温度（℃） **设置判断条件** 环境温度：车内温度
4.1 温度设置：小于25℃ 分支 1 环境温度小于 25℃ 流转至⑦	⑤ 空调 **设置执行 1** 空调 主驾空调模式设置：吹脸吹脚和除霜 主驾空调温度设置：16℃ 空调开关设置：打开 空调内外循环状态：外循环 空调 A/C 模式设置：开启 空调风量调节：7 挡 （此动作完成后，循环至"环境温度：车内温度"直至判断结果为分支 3）	⑥ 空调 **设置执行 2** 空调 主驾空调模式设置：吹脸吹脚和除霜 主驾空调温度设置：30℃ 空调开关设置：打开 空调内外循环状态：外循环 空调风量调节：7 挡 （此动作完成后，循环至"环境温度：车内温度"直至判断结果为分支 3）	⑦ 空调 **设置执行 3** 空调 主驾空调模式设置：吹脸 主驾空调温度设置：21℃ 空调开关设置：打开 空调内外循环状态：外循环 空调 AUTO 模式设置：开启 空调风量调节：3 挡 （此动作完成后，流转至退出，整体流程完毕）

续表

实验步骤			
设置退出方式 电源模式：OFF			

2.3 运行检验

点击运行，检查运行结果。

项目五　智能驾驶／车联网

任务一　V2X 技术

● **知识目标**

1. 了解 V2X 技术的概述。

2. 理解 V2X 技术在不同应用场景（自动驾驶、智慧出行、物流交通）中的工作原理及区别。

3. 掌握智慧交通系统中 V2X 技术的应用，例如在自动驾驶中的人车路协同、智慧出行中的交通便捷化、物流交通中的运输集成化等。

● **技能目标**

1. 能够分析 V2X 技术发展历程中的重要事件和关键技术，理解其演变过程和技术特点。

2. 能够描述 V2X 技术的核心技术部件，包括车联网体系架构和边缘计算等，以及其在智慧交通系统中的作用和优势。

3. 能够评价 V2X 技术在智慧交通领域中的应用效果，分析其对交通安全、交通效率和信息服务等方面的影响。

● **素养目标**

1. 培养学生获取信息的能力，包括从文档中获取相关信息并理解，并能将其应用于实际问题中。

2. 提高学生分析问题和解决问题的能力，例如分析 V2X 技术在不同应用场景下的优劣势，以及与其他技术的比较。

3. 培养学生的创新意识和应用能力，鼓励他们探索 V2X 技术在智慧交通系统中的创新应用，推动智慧交通技术的发展与应用。

1　V2X 的基本概念

V2X（Vihicle to Everything）是一种车联网通信技术，主要包括 V2V 车与车（Vehicle），V2I 车与基础设施（Vechile to Infrastructure），V2P 车与人（Vehicle to People），V2N 车与云（Vehicle to Network），见图 5-1-1。这些技术通过传感器收集数据，并通过网络通信技术与其他车辆、行人、基础设施等进行信息交流，从而提高道路安全性、减少交通事故，并提升驾驶体验。

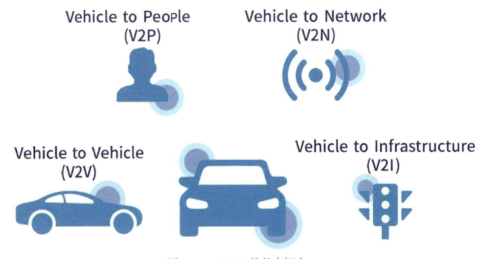

图 5-1-1　V2X 的基本概念

2　V2X 发展历程

V2X（Vehicle to Everything）技术最早在 2006 年由通用汽车在一辆凯迪拉克上进行展示。自此之后，其他汽车制造商和汽车配套产品供应商纷纷开始研究这一技术。然而，V2X 技术真正被提上日程源于美国的两起重大交通事故。

在美国新泽西州和佛罗里达州，分别发生了一起校车被撞的特大交通事故，导致车内的学生全部死亡。事故发生后，美国国家运输安全委员会（NTSB）对事故进行了调查，并向美国公路交通安全管理局（NHTSA）提交了一份报告。报告中描述了事故的经过：卡车与校车在十字路口相撞，NTSB 认为如果当时车辆上装有能够与其他车辆进行通信的系统，这两起事故就可以被避免。

基于此，NTSB 建议 NHTSA 开始进行 V2V（车与车）通信技术的授权工作，为所有在高速公路上行驶的车辆设定一个安装此项技术的最低性能要求。一旦标准被公布，

NTSB 希望汽车制造商们能够在所有新车上安装该系统，从而提高交通安全，防止类似悲剧的发生。

3　V2X 的分类

3.1　V2X 概念分类

V2X 中的"X"是可变量，它替换可为 V、I、P、N 等，即汽车与汽车（V2V）、汽车与基础设施（V2I）、汽车与行人（V2P）、汽车与互联网（V2N）等。

V2V 通信技术是一种不受限于固定基站的通信技术，为移动中的车辆提供直接的端到端无线通信。通过 V2V 技术，车辆终端可以彼此直接交换无线信息，无须通过基站转发。这种直接通信能够显著提高车辆之间的信息交换速度和可靠性，从而增强道路安全性和交通效率。

V2I 技术使车辆与交通基础设施相连接，I 包括交通信号灯、公交站、电线杆、大楼、立交桥、隧道、路障等交通设施设备。V2I 通信可以在不影响车载传感器的情况下，实现基础设施与车辆之间的相互通信功能。这种通信能够优化交通信号控制，提供实时交通信息，减少交通拥堵，提升行车安全。

V2N 技术使车辆与互联网相连接，即车联网。通过 V2N，车辆可以与移动互联网、交通网等大网相连，实现车辆与现有互联网的服务能力。这使得车辆能够获取实时的交通信息、天气预报、导航服务等，从而提高驾驶体验和安全性。

V2P 技术使车辆与行人相连。通过 V2P，车辆可以与行驶范围内的行人交互，获取行人的行为动态，从而提升行驶安全性。同时，行人也能获得车辆的信息，为行人的安全提供保障。这种交互有助于避免碰撞事故，保护行人安全。

3.2　V2X 的工作原理

V2X 有几个技术方向，分为 DSRC、LTE-V2X、5G-V2X 等。

DSRC（Dedicated Short Range Communications）专用短程通信技术，底层技术上基于 IEEE 802.11p 通信标准的一种应用于 V2X 的通信技术，前期美国、日本以及欧洲等国都是基于 DSRC 进行 V2X 的布局。例如，美国联邦通信委员会提出的车载环境下的无线接入（WAVE）通信协议是目前最为完善的 DSRC V2X 通信标准之一，已经进行了多次大规模测试及应用。从技术角度讲，DSRC 技术比较成熟、稳定，也是应用最多的一种通信技术。

LTE-V2X（基于蜂窝移动通信的 V2X），是 C-V2X（Cellular V2X）的一种。LTE -V2X

针对车辆应用定义了两种通信方式：集中式（LTE-V-Cell）和分布式（LTE-V-Direct）。集中式也称为蜂窝式，需要基站作为控制中心。分布式也称为直通式，无须基站作为支撑。LTE-V2X 是以 3GPP LTE R14 标准为基础，实现 V2V/V2I/V2N/V2P 的通信技术。

DSRC-V2X 和 LTE-V2X 互有长短，各有千秋，这两种通信技术各有优点，前者是基于十几年的研究，最终形成标准统一的、具有可靠稳定性的技术；后者在覆盖范围、感知距离、承接数量、短时延以及后续更新演进方面具有优势。

5G-V2X（基于 5G 通信标准的 V2X），因 4G-LTE 技术设计之初并未充分考虑车联网技术，随着智能汽车迅速发展起来，4G-LTE 技术就显得不够用，因此 5G 通信在设计之初即将智能汽车的需求考虑进去，V2X 将是 5G 网络的一部分，5G-V2X 有融合 LTE-V2X 及 DSRC 的可能，为汽车提供更安全、更高效的运行能力。

不管哪种标准，它们最后都是殊途同归的。V2X 的目标是为了实现车辆在自动驾驶模式下对交通信息做出合理的判断，从而可以缓解交通压力。同时，在非人为操作下，V2X 将交通事故率降至最低，使自动驾驶比人为驾驶更安全。

4 V2X 的应用场景

随着 C-V2X 技术的提出，近年来围绕汽车的智能化和交通的智能化不同组织机构都在进行 C-V2X 技术应用场景的归纳，主要划分为交通安全类（Safety）、交通效率类（Traffic Efficiency）以及信息服务类（Infotainment/Telematics）。

4.1 交通安全类

4.1.1 前向碰撞预警

前向碰撞预警（FCW：Forward Collision Warning）是一项驾驶辅助技术，主车（HV）在车道上行驶，与在正前方同一车道的远车（RV）存在追尾碰撞危险时，FCW 应用将对 HV 驾驶员进行预警，见图 5-1-2。本应用适用于普通道路或高速公路等车辆追尾碰撞危险的预警。FCW 应用辅助驾驶员避免或减轻前向碰撞，提高道路行驶安全。

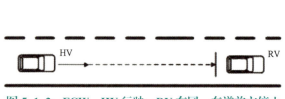

图 5-1-2 FCW：HV 行驶，RV 在同一车道前方停止

4.1.2 交叉路口碰撞预警

交叉路口碰撞预警（ICW：Interseetion Collision Warning）是一种驾驶辅助技术，当主车（HV）驶向交叉路口，与侧向行驶的远车（RV）存在碰撞危险时，系统会对主车驾驶员发出预警，见图 5-1-3。ICW 适用于城市及郊区普通道路、公路的交叉路口、环道入口、高速路入口等场景，能够帮助驾驶员避免或减轻侧向碰撞，提高交叉路口的通行安全。通过实时监测交叉路口的车辆动态，ICW 系统在检测到潜在的碰撞风险时，会通过视觉、听觉或触觉的方式提醒驾驶员采取必要的防范措施，从而有效减少交叉路口的碰撞事故。

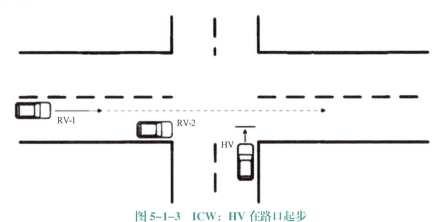

图 5-1-3 ICW：HV 在路口起步

4.1.3 盲区预警 / 变道预警

盲区预警 / 变道预警（BSW/LCW：Blind Spot Warning/Lane Change Warning）是指当主车（HV）的相邻车道上有同向行驶的远车（RV）出现在 HV 盲区时，BSW 应用对 HV 驾驶员进行提醒；当 HV 准备实施变道操作时（例如激活转向灯等），若此时相邻车道上有同向行驶的 RV 处于或即将进入 HV 盲区，LCW 应用对 HV 驾驶员进行预警。本应用适用于普通道路或高速公路等车辆变道可能存在碰撞危险的预警，见图 5-1-4。BSW/LCW 应用避免车辆变道时，与相邻车道上的车辆发生侧向碰撞，提高变道安全。

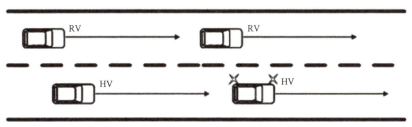

图 5-1-4 BSW/LCW：RV 在 HV 盲区内

4.1.4 左转辅助

左转辅助（LTA：Left Turn Assist）是指主车（HV）在交叉路口左转，与对向驶来的远车（RV）存在碰撞危险时，LTA 应用将对 HV 驾驶员进行预警，见图 5-1-5。本应用适用于城市及郊区普通道路及公路的交叉路口。LTA 应用辅助驾驶员避免或减轻侧向碰撞，提高交叉路口通行安全。

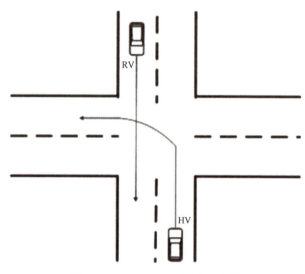

图 5-1-5　LTA：HV 在路口左转

4.1.5 逆向超车预警

逆向超车预警（DNPW：Do No Pass Warning）是指主车（HV）行驶在道路上，因为借用逆向车道超车，与逆向车道上的逆向行驶远车（RV）存在碰撞危险时，DNPW 应用对 HV 驾驶员进行预警，见图 5-1-6。本应用适用于城市及郊区普通道路及公路超车变道碰撞危险的预警。DNPW 应用辅助驾驶员避免或减轻超车过程中产生的碰撞，提高逆向超车通行安全。

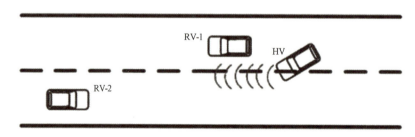

图 5-1-6　DNPW：逆向车道上有相向行驶车辆

4.1.6　紧急制动预警

　　紧急制动预警（EBW：Emergency Brake Warning）是指主车（HV）行驶在道路上，与前方行驶的远车（RV）存在一定距离，当前方 RV 进行紧急制动时，会将这一信息通过短程无线通信广播出来。HV 检测到 RV 的紧急制动状态，若判断该 RV 事件与 HV 相关，则对 HV 驾驶员进行预警，见图 5-1-7。本应用适用于城市郊区普通道路及高速公路可能发生制动追尾碰撞危险的预警。EBW 应用辅助驾驶员避免或减轻车辆追尾碰撞，提高道路行驶通行安全。

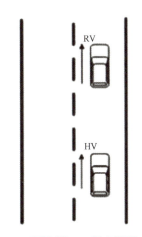

图 5-1-7　EBW：同车道 HV 前方紧邻 RV 紧急制动

4.1.7　异常车辆提醒

　　异常车辆提醒（AVW：Abnormal Vehicle Warning）是指当远车（RV）在行驶中打开故障报警灯时，对外广播消息中显示当前"故障报警灯开启"，主车（HV）根据收到的消息内容，识别出其属于异常车辆，见图 5-1-8；或者 HV 根据 RV 广播的消息，判断 RV 车速为静止或慢速（显著低于周围其他车辆），识别出其属于异常车辆。当识别出的异常车辆可能影响本车行驶路线时，AVW 应用提醒 HV 驾驶员注意。本应用适用于城市及郊区普通道路及公路的交叉路口、环道入口、高速路入口等环境中的异常车辆提醒。AVW 应用辅助驾驶员及时发现前方异常车辆，从而避免或减轻碰撞，提高通行安全。

图 5-1-8　AVW：异常车辆开启故障报警灯

4.1.8 车辆失控预警

车辆失控预警（CLW：Control Loss Warning）是指当远车（RV）制动防抱死系统（ABS）、车身稳定性系统（ESP）、牵引力控制系统（TCS）、车道偏移预警系统（LDW）功能触发时，RV 对外广播此类状态信息，若主车（HV）根据收到的消息识别出该车属于车辆失控，可能影响自身行驶路线时，则 CLW 应用对 HV 驾驶员进行提醒，见图5-1-9。本应用适用于城市、郊区普通道路及高速公路可能发生车辆失控碰撞危险的预警。CLW 基于通信的终端，可以将车辆内部电控系统的功能触发 / 失控等信息及时对外广播，便于周边车辆迅速采取避让等处置措施，避免由于某一车辆失控导致与周边车辆碰撞事故发生。

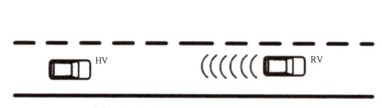

图 5-1-9　CLW：HV 和 RV 同向行驶

4.1.9 道路危险状况提示

道路危险状况提示（HLW：Hazardous Location Warning）是指主车（HV）行驶到潜在危险状况（如桥下存在较深积水、路面有深坑、道路湿滑、前方急转弯等）路段，存在发生事故风险时，HLW 应用对 HV 驾驶员进行预警，见图5-1-10。本应用适用于城市道路、郊区道路和高速公路等容易发生危险状况的路段或者临时性存在道路危险状况的路段。HLW 应用将道路危险状况及时通知周围车辆，便于驾驶员提前进行处置，提高车辆对危险路况的感知能力，降低驶入该危险区域的车辆发生事故的风险。

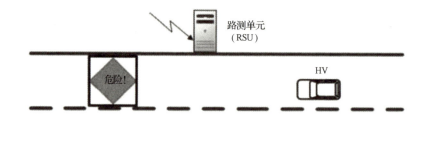

图 5-1-10　HLW 提示道路危险状况信息

4.1.10　限速预警

限速预警（SLW：Speed Limit Warning）是指主车（HV）行驶过程中，在超出限定速度的情况下，SLW应用对HV驾驶员进行预警，提醒驾驶员减速行驶。本应用适用于普通道路及高速公路等有限速的道路。SLW应用辅助驾驶员避免超速行驶，消除安全隐患，减少事故的发生。

4.1.11　闯红灯预警

闯红灯预警（RLVW：Red Light Violation Warning）是指主车（HV）经过有信号控制的交叉口（车道），车辆存在不按信号灯规定或指示行驶的风险时，RLVW应用对驾驶员进行预警。本应用适用于城市和郊区道路及公路的交叉路口、环道出入口和可控车道、高速路入口和隧道等有信号控制的车道。RLVW应用辅助驾驶员安全通过信号灯路口，提高信号灯路口的通行安全，见图5-1-11。

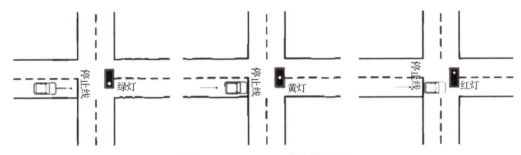

图 5-1-11　RLVW：闯红灯过程

4.1.12　弱势交通参与者碰撞预警

弱势交通参与者碰撞预警（VRUCW：Vulnerable Road User Collision Warning）是指主车（HV）在行驶中，与周边行人（P，Pedestrian。含义拓展为广义上的弱势交通参与者，包括行人、自行车、电动自行车等，以下描述以行人为例）存在碰撞危险时，VRUCW应用将对车辆驾驶员进行预警，也可对行人进行预警。本应用适用于城市及郊区普通道路及公路的碰撞危险预警。VRUCW应用辅助驾驶员避免或减轻与侧向行人（P）碰撞危险，提高车辆及行人通行安全，见图5-1-12。

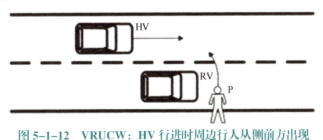

图 5-1-12　VRUCW：HV 行进时周边行人从侧前方出现

4.2 效率类

4.2.1 绿波车速引导

绿波车速引导（GLOSA：Green Light Oplimal Speed Advisory）是指当装载车载单元（OBU）的 HV 驶向信号灯控制交叉路口，收到由路侧单元（RSU）发送的道路数据及信号灯实时状态数据时，GLOSA 应用将给予驾驶员一个建议车速区间，以使车辆能够经济地、舒适地（不需要停车等待）通过信号路口，见图 5-1-13。本应用适用于城市及郊区普通道路信号灯控制路口。GLOSA 应用能辅助驾驶员应用，提高车辆通过交叉路口的经济性和舒适性，提升交通系统效率。

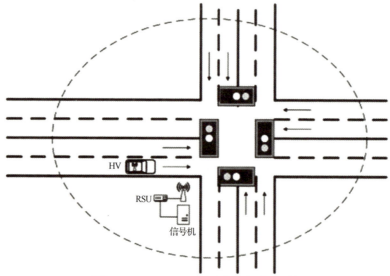

图 5-1-13　GLOSA：绿波车速引导场景

4.2.2 车内标牌

车内标牌（IVS：In-Vehicle Signage）是指当装载车载单元（OBU）的 HV 收到由路侧单元（RSU）发送的道路数据以及交通标牌信息，IVS 应用将给予驾驶员相应的交通标牌提示，保证车辆的安全行驶，见图 5-1-14。本应用适用于任何交通道路场景。IVS 能提高车辆行驶的安全性。

4.2.3 前方拥堵提醒

前方拥堵提醒（TJW：Tramc Jam Warning）是指主车（HV）行驶前方发生交通拥堵状况，路侧单元（RSU）将拥堵路段信息发送给 HV，TJW 应用将对驾驶员进行提醒，见图 5-1-15。本应用适用于城市及郊区普通道路及高速公路拥堵路段的预警。

TJW 应用提醒驾驶员前方路段拥堵，有助于驾驶员合理制定行车路线，提高道路通行效率。

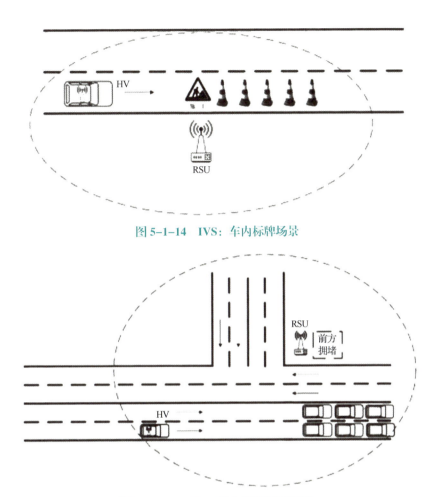

图 5-1-14　IVS：车内标牌场景

图 5-1-15　TJW：前方拥堵提醒场景

4.2.4　紧急车辆提醒

紧急车辆提醒（EVW：Emergency Vehicle Warning）是指主车（HV）行驶中，收到紧急车辆提醒，以对消防车、救护车、警车或其他紧急呼叫车辆等进行让行。EVW 使 HV 实现对消防车、救护车、警车或其他紧急呼叫车辆的让行，见图 5-1-16。

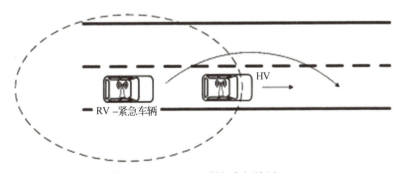

图 5-1-16　EVW：紧急车辆接近 HV

4.3 服务类

汽车近场支付（VNFP：Vehicle Near-Field Payment）是指汽车作为支付终端对所消费的商品或服务进行账务支付的一种服务方式。汽车通过V2X通信技术与路侧单元（RSU作为受理终端）发生信息交互，间接向银行金融机构发送支付指令，产生货币支付与资金转移行为，从而实现车载支付功能。其主要应用包括ETC、拥堵费、充电支付、停车支付、加油支付等汽车使用消费环节的付费需求，见图5-1-17、图5-1-18。汽车将成为金融支付终端，具备车载支付能力，在智能交通各应用场景下，有效加速相关付费过程的效率与执行准确性。在停车支付、ETC场景，通过收费单元与汽车的有效自动化联动，可以加速车流，提高交通效率；在未来电动车无线充电场景，可以解决根据充电量实时支付费用的问题，并因无须操作充电枪而提升用户体验；在购买车辆保险场景，可以根据本车实时车况数据直接完成汽车保险购买，实现车险个性化定价，提高商业服务质量。

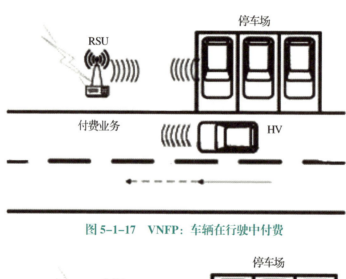

图 5-1-17　VNFP：车辆在行驶中付费

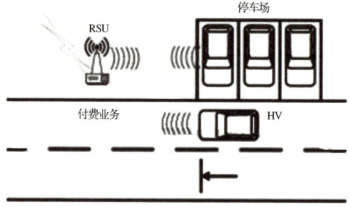

图 5-1-18　VNFP：车辆停止时主动发起付费

5　V2X 发展方向

随着 V2X 的普及以及 5G 物联网技术发展，广义 V2X 将与交通联系更加紧密，成为智慧交通中最重要的一环，将有效降低事故率和拥堵指数。同时，V2X 车联网带来自动驾驶、智慧出行、物流集成化等多种应用场景。

自动驾驶场景下的人—车—路协同化：随着汽车智能化发展，车辆可以实现辅助驾驶甚至有些车辆可以实现实验条件下的完全自动驾驶，预测无人驾驶汽车将是未来重要的组成部分。从目前的发展形势看，人车共驾将是未来一段时间内必然出现的情况，为保障安全在高速公路或城市道路设置无人驾驶专用车道成为必然趋势。无人驾驶专用车道可以通过协同控制提高车辆运行速度、降低无人驾驶汽车之间的安全距离等方式大幅度提升运输效率。在城市道路自动驾驶专用车道将通过 V2X 车联网进行协同智能管理，将降低车辆空置率，提升车辆运行效率。

智慧出行场景下的交通便捷化：由于自动驾驶的出现，也带来移动应用端的革新，在智慧交通时代，城市中汽车租赁会越来越普及。个人出行时，可以通过手机端按需预约无人驾驶车辆，同时，无人驾驶车辆与公共交通工具协同更加紧密，充分保障城市出行。自动驾驶也解决了城市停车的难题，可以节约停车用地，将车都运行起来，解决城市变成停车场的问题。

物流交通场景下的运输集成化：智慧交通在物流领域，包括车辆集散、运输的协调以及动态信息的共享，都会向协同的方式发展。目前涉及最多的主动安全防控技术，已经实现了基于位置的实时跟踪，接下来会向交通系统运行状态安全状态辨识、应急响应与快速联动技术几个趋势发展。另外交通状态的研判和主动安全保障技术也是未来的发展方向。

6　V2X 的核心技术部件

6.1　车联网体系架构

OBU（On-Board Unit，车载单元）是车联网系统中的核心设备之一，安装在车辆上，用于实现车辆与外界环境（如交通基础设施、其他车辆、互联网等）的通信。OBU 通过无线通信技术，如 DSRC（专用短程通信）或 LTE-V2X（基于蜂窝网络的车联网），接收和发送交通信息、车辆状态数据、位置数据等，实现车与车（V2V）、车与基础设施（V2I）、车与行人（V2P）以及车与网络（V2N）的互联互通。

OBU 的主要功能包括：

信息接收与发送：OBU 能够接收来自其他车辆、道路基础设施和中央系统的各种信息，如交通信号、事故预警、道路状况等。同时，OBU 也可以发送车辆的速度、位置、方向等信息给其他车辆和交通管理系统，形成一个信息共享的网络。

数据处理与分析：OBU 内部集成了处理器，可以实时分析接收到的数据，做出相应的决策。例如，在前方发生交通事故时，OBU 可以根据接收到的事故信息及时向驾驶员发出警报，提醒避让。

通信技术：OBU 采用多种无线通信技术，包括 DSRC、LTE-V2X、5G 等，以确保在不同环境和应用场景下的高效通信。DSRC 是一种基于 IEEE 802.11p 标准的短程通信技术，具有低延迟和高可靠性的特点，适合于实时性要求高的车载通信应用。LTE-V2X 基于现有的蜂窝网络，具有广覆盖和高吞吐量的优势，适合大范围的车联网应用。

位置定位：OBU 通常配备 GPS 模块，可以提供精确的位置信息，辅助实现导航、车辆跟踪和其他基于位置的服务。

接口与扩展：OBU 具有多种接口，可以与车内的其他电子设备、传感器和系统进行连接，如 ECU（电子控制单元）、ADAS（高级驾驶辅助系统）、车载信息娱乐系统等，实现数据的集成与共享。

安全与隐私保护：OBU 在设计时考虑了信息安全和隐私保护，采用加密技术和认证机制，防止信息被篡改和窃取，保障车联网通信的安全性。

OBU 在实际应用中的优势显而易见，通过 V2V 通信，车辆能够实时互通信息，减少交通事故，提高道路安全性；通过 V2I 通信，车辆可以与交通信号灯、道路标志等基础设施进行互动，优化交通流量，减少拥堵；通过 V2P 通信，车辆可以识别行人位置，提高行人安全；通过 V2N 通信，车辆可以接入互联网，获取更多的实时信息和服务，提升驾驶体验。

6.2 车联网体系架构

车联网使人和车通过多手段协同紧密耦合在一起，使车成为人的感知能力延伸，人成为车的智能扩展。在车联网中，人车融合对象不仅能被智能交通系统感知与控制，还能作为参与者主动与环境元素协同，从而实现整体交通环境的最优化协调。因此，车联网不仅是一个车车通信或车载终端使用服务的网络，更是一个人、车、环境紧密协同的高度交互、动态演化的复杂系统。

在这一系统的人、车、环境协同过程中所依赖的社会网络化大数据关联和处理、车联社交网络等新概念和新应用形式。这些应用形式要求信息通信网络支撑普适计算、认知计算和社交计算等新型信息计算处理方式，对信息通信网络的体系结构和能力提供与交换方式都提出了新的需求。因此，我们从相关对象的协同需求出发，通过层次化方法重新构建车联网的网络体系，见图5-1-19。

通过这一重新构建的网络体系，车联网能够更好地支持各种复杂的应用场景和协同需求，实现人、车、环境的高度协同与互动，推动智能交通系统的全面发展和优化。

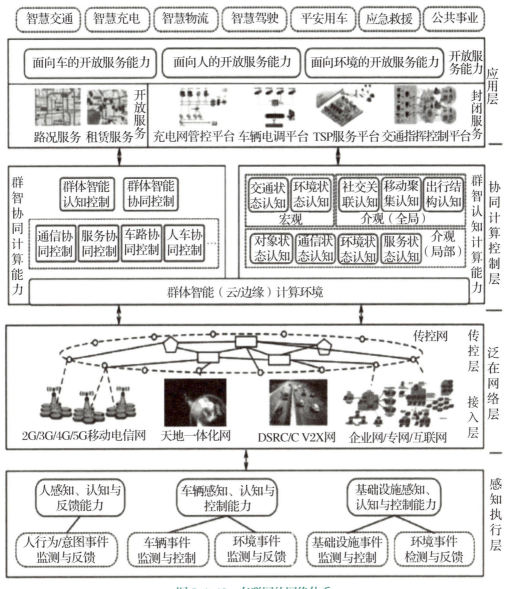

图 5-1-19 车联网的网络体系

6.2 边缘计算

随着万物互联的到来和无线网络的普及，网络边缘的设备数量和数据产量迅速增长。以云计算模型为核心的集中式处理模式无法高效地处理这些边缘设备产生的大量数据。传统云计算存在 4 个主要缺点：实时性不够、带宽不足、能耗较大、不利于数据安全和隐私保护。为了应对这些问题，边缘计算模型应运而生。

边缘计算是一种在网络边缘进行计算的新型计算模式，边缘是指从数据源到云计算中心的任何计算和网络资源。边缘计算操作的对象包括来自云服务的下行数据和来自物联网服务的上行数据。边缘计算模型具有以下明显的优点：

减轻网络带宽需求和数据中心功耗：在网络边缘处理大量临时数据，不再将所有数据上传到云端，从而大幅度减轻网络带宽需求和数据中心的功耗。

显著降低系统时延，增强服务响应能力：在数据生产者附近进行数据处理，可以显著降低系统时延，增强服务响应能力。

降低用户隐私泄露的风险：边缘计算将用户隐私数据存储在网络边缘设备上，不再上传至云端，这会降低用户隐私泄露的风险。

边缘计算的这些优点使其成为应对现代网络挑战的有效解决方案，在提升计算效率和数据安全性方面具有显著优势。

7 V2X 的通信频段

2018 年 11 月，中国工信部发布了《车联网（智能网联汽车）直连通信使用 5905 ~ 5925MHz 频段的频率管理规定（暂行）》，确定了基于 LTE-V2X 技术的车联网（智能网联汽车）直连通信的工作频段及使用要求。20MHz 的频段被正式确定用于 V2X 业务，见图 5-1-20。

技术要求：

工作频率范围：5905~5925MHz。

信道带宽：20MHz。

发射功率限值（EIRP）：车载或便携无线电设备：26dBm；路边无线电设备：29dBm。

载频容限：$\pm 0.1 \times 10^{-6}$。

邻道抑制比：大于 31dB，按信道积分功率有效值检波方式测试。

美国方面，FCC 在 2020 年宣布 5895~5925MHz 的 30MHz 频段用于 V2X 业务。为什

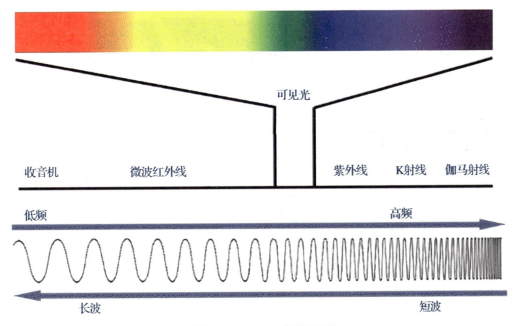

图 5-1-20　V2X 的通信频段

么美国对 V2X 通信频段的确定要晚一些呢？原来，在 1999 年美国联邦通信委员会 FCC 就将 5850 ~ 5925MHz（75MHz）频段分配给运输服务领域的短程通信 DSRC。而后续发展起来的 V2X 通信技术比 DSRC 更胜一筹，于是美国只好大象转身，转向 V2X 技术了。

8　V2X 主机厂及厂商研究

8.1　吉利爬行者

吉利爬行者（图 5-1-21）是国内首个基于现有量产传感器配置，利用 V2X 技术，联合车端、云端、场端，依托 5G 网络实现全路况、全场景、无缝高速连接的自动驾驶技术。其核心算法完全由吉利汽车自主研发，具备完全自主知识产权。

同时它也是 5G 技术首次在车辆上的应用，具备行业同步的最高泊车精度（正负误差控制在 10cm 以内）；具有快速布局、快速量产和低成本开发特点，它实现了全境安全，对包括前向碰撞预警、逆向超车预警、车辆失控预警、闯红灯预警、弱势交通参与者碰撞预警、绿波车速引导、拥堵提醒、近场支付、道路危险状况提示等 17 种我们熟悉的道路场景，做到了全面的识别。

图 5-1-21　吉利爬行者

8.2　宝马

宝马于 2022 年 9 月申请一项名为"通过 V2X 技术来提供定位和时间的方法和系统",公开号 CN117834659A。在 GNSS 冷启动期间、GNSS 天线连接不良或 GNSS 无法提供服务的情况下,可以通过当前车辆周围受信外部源发送的 V2X 消息来得到当前车辆的当前时间和当前车辆的定位,从而使得车载服务能够基于此及时地提供导航、时间等服务,提高用户的满意度,并减少车辆发生风险的概率。

技能实训

思考与练习

单选题:

1.V2X 技术中,智慧交通系统的发展方向主要包括以下哪些方面?（　　　　）

A. 传统汽车制造技术

B. 自动驾驶、智慧出行、物流集成化

C. 农业生产技术

D. 通信卫星技术

2. 边缘计算模式的优点不包括以下哪项？（　　）

A. 大幅度减轻网络带宽需求和数据中心功耗

B. 增强服务响应能力

C. 降低系统时延

D. 提高数据上传至云端的安全性

3. 中国工信部确定的 V2X 业务工作频段是（　　）。

A. 5895~5925MHz

B. 30MHz

C. 5905~5925MHz

D. 26dBm

4. 美国在 V2X 技术方面的发展为何相对较晚？（　　）

A. 缺乏相关技术支持

B. 对技术的理解不足

C. 转向 V2X 技术需要更长的时间

D. 最初投入了 DSRC 技术

5. V2X 技术中，车联网体系架构的主要内涵是什么？（　　）

A. 车车通信和车载终端使用服务网络

B. 人、车、环境紧密协同的复杂系统

C. 交通网络的优化协调

D. 传感器和摄像头的应用

6. 边缘计算模式的优点之一是什么？（　　）

A. 增加网络带宽需求

B. 提高系统时延

C. 降低数据上传至云端的安全性

D. 减轻数据中心功耗

判断题：

1. V2X 技术是智慧交通系统中的一个重要组成部分。（　　　）

2. 边缘计算模式不利于降低数据中心功耗。（　　　）

3. 中国确定的 V2X 业务工作频段是 30MHz。（　　　）

4. 美国对 V2X 技术的确定较晚是因为缺乏相关技术支持。（　　　）

5. V2X 技术中，车联网体系架构的内涵包括车车通信和车载终端使用服务网络。（　　　）

6. 边缘计算模式的优势之一是减轻数据中心功耗。（　　　）

7. V2X 技术中，边缘计算的作用是在云端处理大量临时数据。（　　　）

8. V2X 技术中，边缘计算模式的优势之一是增加网络带宽需求。（　　　）

9. 美国对 V2X 技术的确定较晚是因为转向 V2X 技术需要更长的时间。（　　　）

拓展训练

1　实验设施

登录"智能座舱 SOA 原子服务管理平台"（网址：http://yunxiaochan.com）。

2　任务实施

2.1　构思智能场景

问题思考：在驾驶过程中碰撞事故时有发生，当危险来临前通常让人难以反应并且事故发生后无法第一时间发出救援信息，请思考如何利用 V2X 在事故发生时采取应急保护措施，提升救援效率？

解决方案：通过思考创建一套"危险应急"场景，利用 V2X 系统为驾乘人员提供更及时的保护措施及救援帮助。

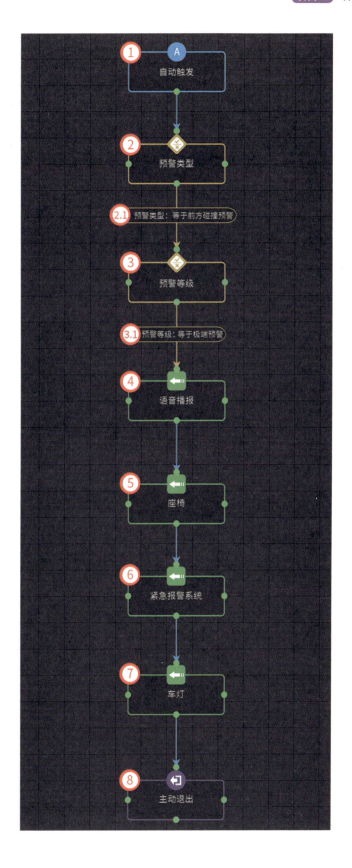

2.2 详细设置

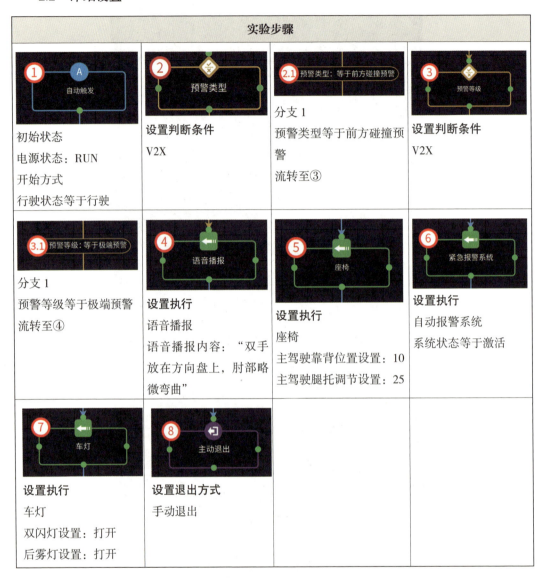

实验步骤			
① 自动触发 初始状态 电源状态：RUN 开始方式 行驶状态等于行驶	② 预警类型 **设置判断条件** V2X	2.1 预警类型：等于前方碰撞预警 分支1 预警类型等于前方碰撞预警 流转至③	③ 预警等级 **设置判断条件** V2X
3.1 预警等级：等于极端预警 分支1 预警等级等于极端预警 流转至④	④ 语音播报 **设置执行** 语音播报 语音播报内容："双手放在方向盘上，肘部略微弯曲"	⑤ 座椅 **设置执行** 座椅 主驾驶靠背位置设置：10 主驾驶腿托调节设置：25	⑥ 紧急报警系统 **设置执行** 自动报警系统 系统状态等于激活
⑦ 车灯 **设置执行** 车灯 双闪灯设置：打开 后雾灯设置：打开	⑧ 主动退出 **设置退出方式** 手动退出		

2.3 运行检验

点击运行，检查运行结果。

任务二　OTA 技术

●知识目标

1. 理解 OTA（Over The Air）技术的基本概念、作用和发展历程。

2. 掌握 OTA 系统的四层架构，以及每个层级的功能和作用。

3. 了解 OTA 标准合规测试的要求，以及对 OTA 系统功能测试、安全测试和体验评价的方法和流程。

●技能目标

1. 能够根据 OTA 架构设计和功能需求，编制相应的测试用例，并准备测试环境进行功能测试。

2. 具备在升级流程中完成对功能异常情况的测试覆盖，以保证 OTA 系统的稳定性和可靠性。

3. 能够按照 ISO/SAE 21434 标准的要求，执行 OTA 系统的安全测试，并生成相应的测试报告。

●素养目标

1. 提高学生的信息获取能力，使其能够从文档和标准中获取相关信息，并理解其中的技术要求和测试方法。

2. 培养学生的分析问题和解决问题的能力，例如分析 OTA 系统中可能出现的功能异常情况，并提出相应的解决方案。

3. 鼓励学生具备创新意识和应用能力，以探索新技术在 OTA 系统中的应用潜力，为汽车行业的发展做出贡献。

1 OTA 的基本概念

OTA 是 Over The Air 的缩写，通常指远程无线升级技术。本文所指的 OTA 涵盖所有汽车远程升级。OTA 技术的基础是车辆具备远程联网功能，这意味着智能网联汽车的渗透率快速增长，推动了 OTA 技术的迅速普及。通过 OTA，车主可以在不需要到店的情况下直接通过无线网络对汽车的软件进行更新和升级，确保车辆始终拥有最新的软件版本和功能，从而提升用户体验和车辆性能。

2 OTA 的分类

OTA 通常可分为远程软件升级（SOTA）、远程固件升级（FOTA）、远程配置（COTA）、远程诊断 / 远程数据更新（DOTA）和其他类型（XOTA）。

2.1 远程软件升级（SOTA）

SOTA（Software Over The Air），即远程软件升级，是指在操作系统的基础上对应用程序进行远程升级。SOTA 通过远程下载并给车辆安装"应用程序升级包"，来实现控制器功能的一个"增量"更新，通常应用于娱乐系统和智驾系统。由于 SOTA 主要涉及应用层小范围的功能局部更新，不包括汽车核心系统，对整车性能和安全影响较小，升级前置条件要求较低。SOTA 的增量更新策略可以大幅减小升级包文件大小，从而节约网络流量和存储空间。

2.2 远程固件升级（FOTA）

FOTA（Firmware Over The Air），即远程固件升级，是指囊括车辆底层算法至顶层应用的综合升级，在不改变车辆原有配件的前提下，通过远程下载并写入新的固件程序进行设备升级。FOTA 包括驱动、系统、功能、应用等的升级，与硬件的更换没有关系。

FOTA 涉及车辆的核心系统，包括但不限于汽车动力控制系统、底盘电子系统、自动驾驶系统、车身控制系统等核心零部件的控制系统，可以改变车辆的充放电、动能回收、加速性能、辅助驾驶系统逻辑等与深度驾控有关的体验。理论上所有支持固件更新的电子控制单元（ECU）都可以涵盖在 FOTA 范围中。

2.3 远程配置（COTA）

COTA（Configuration Over The Air），即远程配置，是指通过 OTA 的方式实现远程修改配置字，以达到修改软件功能配置的目的。配置字是一组以数据标识码（DID）方式存储在 ECU 上的数据，可通过诊断指令进行读取和修改。它根据特定的编码规则与车辆功能特征码一一对应，通过配置可判断车辆的功能配置，软件可根据配置实现相应的功能。远程配置常见的应用场景是远程开启和关闭某项功能，例如软件订阅功能。

2.4 远程诊断 / 远程数据更新（DOTA）

DOTA 有两种常见解释：

DOTA（Data Over-The-Air），即远程数据更新，是指一些独立于软件程序存在的数据包的更新，比如地图数据、语音数据和算法模型数据等。这类更新的特点是数据量比较大，更新流程相对独立，比如地图数据通常由地图应用自行更新，而数据量也可能高达几 GB 到几十 GB。

DOTA（Diagnostic Over The Air），即远程诊断，通过云平台实时数据采集监控，主动性地检查汽车系统异常问题，为远程问题修复与人工问题修复提供决策依据。远程诊断的触发方式有两种：一种是用户在车辆上发现异常状况的响应式；另一种是周期性收集通信网络、应用程序、硬件效能、使用操作记录、系统程序等状态信息，利用大数据后台分析监测故障。

3 OTA 应用场景

3.1 车辆生命周期维度

从开发者编译生产出目标版本软件，到该软件更新至目标硬件设备上的全过程涉及多个阶段。在不同的阶段，受产品形态和生产环境限制，所适用的软件更新目的和手段也有所不同，目前，大部分车企的 OTA 主要集中在售后软件更新，但不论从效率上还是成本上 OTA 都体现出了巨大的优势。随着 OTA 应用越来越成熟，从单一的售后升级场景向更多的应用场景发展是必然的趋势。

（1）零部件阶段。

ECU 供应商产线是最早可以切换到最新软件版本的节点，该节点进行软件切换可避免旧版本软件继续生产从而流向下游，称为供应商产线断点。由于该阶段还是零件状态，通常只能通过芯片烧录工具或者供应商特定的工具进行软件更新，不适用 OTA 方式。

（2）总装阶段。

由于零件需提前订购，仍有一定量的零部件在供应商产线断点前流转到 OEM 库存，总装线的电检工位可以完成部分软件的刷写，称之为 EOL（End of Line）软件刷写。

然而，EOL 软件刷写会影响产线节拍，导致 OEM 不会在产线进行大量软件刷写。总装完成时车辆已经具备 OTA 的条件，如果通过 OTA 方式进行产线刷写，可实现多车并线刷写且不受产线工位影响，将极大提高产线软件灌装的效率。目前，已经有个别企业实现总装阶段 OTA。

（3）驳运阶段。

车辆从总装线下线到经销商库存要经过一定的驳运过程。对于体量大且紧急程度不高的软件，在总装线灌装会影响效率，如果利用驳运过程进行软件更新，能降低对产线节拍的影响。OTA 使得利用驳运过程更新软件成为一种可能，但在驳运过程中更新对电源供应管理及车辆安全是否有影响需要更深一步考虑。

（4）售前库存。

经销商通常有一定的库存车辆，在正式销售前库存车辆可能需要对软件版本进行升级。以往是在进行最终售前检查时，将软件更新到最新版本，存在更新时间长、影响用户交付体验等问题。OTA 技术可将库存车辆自动同步至最新版本，大大减少在交付过程中软件更新的耗时，提升效率。

3.2 软件运营管理维度

（1）软件召回。

软件引起重大功能缺陷时，例如存在功能安全、网络安全/数据安全重大风险、法规相关问题，通过 OTA 方式召回，可以在短时间内批量完成问题软件的修复。此方法效率高且成本低，能够尽可能降低软件缺陷造成的影响。

（2）问题修复。

对于一些非严重性问题，通过 OTA 方式可以周期性推送软件版本进行修复，OTA 的便捷性使得问题修复更加高效和迅速。

（3）性能优化。

与缺陷修复类似，OTA 方式的便捷性使得性能优化类的软件更新也逐渐得以重视。目前，性能优化已经成为常见的 OTA 场景之一，通过定期推送更新可以持续提升车辆性能。

（4）软件个性化定制。

此应用场景通常为 COTA 应用，比如用户可根据个人需求完成怠速调整、车下启动/熄火、自动启停等参数的设置更新。

（5）新功能交付。

OTA 使得售后软件功能持续迭代成为可能。通过 OTA 新增功能的多少，已成为用户评价 OEM 的一个重要指标。车企可以不断为用户推送新的功能，提升用户体验和车辆的价值。

（6）付费功能订阅。

功能订阅是新功能交付应用场景衍生出来的一种新的行业形态。车企在售卖车辆之后，针对部分新增软件功能以付费方式供用户购买使用。这使得车企除了车辆销售之外，有了新的盈利可能性，这也是目前汽车企业非常乐于探索的一种 OTA 应用场景。

4　OTA 技术工作原理

4.1　云平台架构

基于 OTA 产品业务形态，结合系统组件之间松耦合高内聚的标准，行业内普遍将云平台设计为 4 层的分层架构型式（图 5-2-1），包括前端展示层、路由网关层、业务服务层和数据存储层。前端展示层是系统与用户交互的 WEB 应用层，用户访问和操作云平台系统的交互接口；路由网关层包括指令控制层和网关接入层，是云平台与车端建立通信链接以及控制车端流程的通信中间件；业务服务层负责所有 OTA 相关业务逻辑的处理，包括车辆、软件包管理、策略管理等诸多业务模块，是 OTA 云平台的核心；数据存储层负责 OTA 所有业务相关数据存储，包括基本的数据库集群数据缓存和大文件存储等。

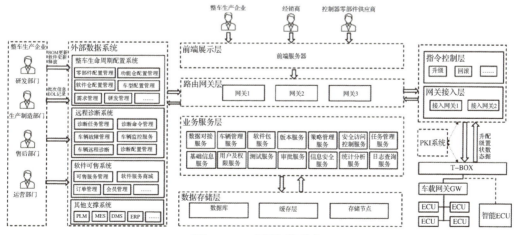

图 5-2-1　分层架构型式

4.1.1 前端展示层

前端展示层基于前后端分离开发方式设计，主要负责 WEB 端用户交互页面的功能。核心思想是前端页面通过调用后端接口进行交互，前端专注于页面开发，业务逻辑由后端负责。对于 OTA 云平台，前端展示层是业务服务层的用户交互接口，展示功能与具体业务功能对应。

4.1.2 指令控制层

指令控制层是各业务平台与网关接入层的连接介质，接收来自业务系统的指令并将其发送至网关可访问的缓存中，同时接收来自网关的升级状态并写入各业务系统可访问的消息队列中。

4.1.3 网关接入层

网关接入层根据不同的数据格式和上层需求，接收并封装来自车载终端的数据，将其流向缓存、消息队列等中间件。

4.1.4 业务服务层

业务服务层负责 OTA 服务的所有业务及相关流程管理功能的实现，包括车辆管理服务、软件包服务、版本服务、策略管理和任务管理等核心功能，以及关联系统审批、数据对接、信息安全服务、测试、统计分析、日志查询等辅助功能。根据企业内部管理差异，辅助业务可能有所不同。

4.1.5 PKI 系统

公钥基础设施（Public Key Infrastructure，PKI）基于公钥密码体制，实现数字证书的发布、撤销和管理，为数字证书用户提供相应服务。PKI 在 OTA 系统中的作用包括发放数字证书，保证升级包和升级过程的安全，涉及车辆证书、设备证书、供应商证书的申请和校验，云端和车端身份认证，升级包的安全认证等。

4.1.6 外部数据系统

外部数据系统包括整车生命周期配置系统（VLCS）、远程诊断系统、软件可售系统及其他支撑系统。主机厂研发部门根据车型功能规划确定软硬件配置，从 VLCS 系统中确定车型和功能范围，通过 BOM 系统申请软件物料号，通过 PLM 系统验证审批后流转到 OTA 服务端进行升级。OTA 服务端管理初始车辆信息，通过对接 MES 在车辆下线后自动注册新生产车辆。售后系统需要与 OTA 系统关联，同步最新版本信息和线下配置更改信息。远程诊断系统发现问题后，可通过 OTA 系统下发补丁包修复。通过软件可售系统实现软件付费升级、功能付费使用等后向运营。

4.1.7 数据存储层

数据存储层包括数据库集群、缓存和存储节点，用于存储不同类型的数据。数据库集群存储车辆信息和版本信息等关系型数据，缓存层减少对数据库的直接访问，存储节点存储较大的升级包和配置文件等需要提供车端下载的文件，通常采用分布式存储节点。

4.2 车载端架构

OTA 车载端功能模块主要包括 2 大部分，即 OTA 主控和 OTA 对象，OTA 主控是车端 OTA 系统的核心，车端所有 OTA 业务逻辑均由主控实现，包括上报车辆信息、下载更新文件、升级包安装、车辆状态管理、人机交互等，见图 5-2-2。

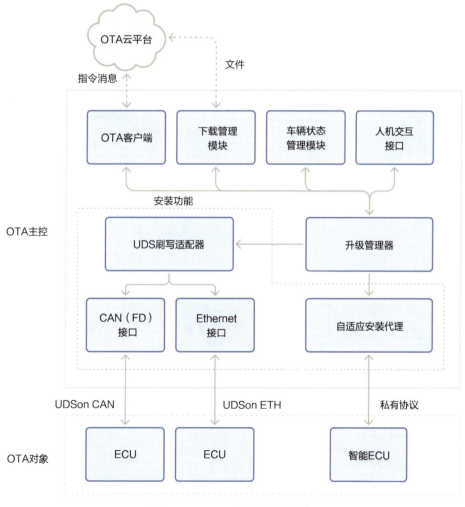

图 5-2-2 OTA 车载端功能模块

4.2.1 OTA 主控功能模块

按照车载端的工作流程，车载端的功能模块包括：OTA 客户端负责与云端进行数据交互，下载模块负责升级包下载及分发，升级管理模块负责升级过程的控制，升级代理负责执行软件刷写或者软件安装，人机交互模块负责升级信息提示、用户输入、升级过程的展示等。

4.2.2 OTA 主控部署方案

由于车辆 E/E 架构的不同以及控制器升级方式的不同，功能模块的部署方式也有所不同。在传统网关分布式架构下（图 5-2-3），按照 OTA 主控部署的位置不同，大致分为远程信息处理控制单元（TCU/T-BOX）方案、车载信息娱乐系统（IVI）方案、网关（GW）方案。前两种方案，见图 5-2-4。由 TCU/IVI 来进行 ECU 的软件刷写，GW 仅作

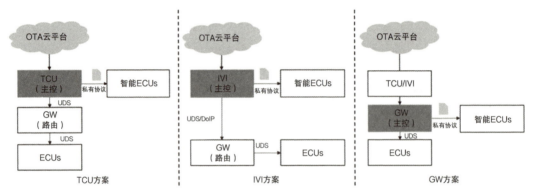

图 5-2-3 传统网关分布式架构

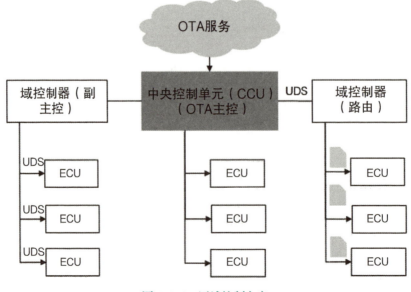

图 5-2-4 区域控制方案

为路由实现数据的转发，刷写的链路比较长；后一种方案直接是由 GW 进行刷写的，刷写链路较短，但是 GW 并不能直接联网。如果通过 TCU/IVI 路由联网必须增加安全机制，或者由 TCU/IVI 下载升级包后再分发至网关。

4.2.3　ECU 端架构方案

车端 ECU 作为被升级对象，在 OTA 系统中主要功能是按照一定的协议升级主控接收目标版本数据，将目标版本数据写入都指定的存储区域中并引导运行新版本软件，从而实现自身软件的更新。根据 ECU 芯片类型及运行软件的特性，ECU 可分为普通 ECU 和智能 ECU，而不同的 ECU 根据其内存空间结构又可以分为单分区和双分区两类，见图 5-2-5 是针对两类 ECU 的两种不同分区方案。

图 5-2-5　ECU 端架构方案

5　OTA 测试技术

5.1　OTA 标准合规测试

UN R156 法规于 2021 年 1 月正式生效，其对车辆制造商 OTA 管理能力和车辆型式认证均提出了准入管理要求。国标《汽车软件升级通用技术要求》（以下简称"国标"）目前也已经处于征求意见阶段。UN R156 和国标对整车企业的软件升级管理体系（SUMS）建设和型式认证方面提出了具体要求。车辆型式认证主要从一般要求和在线升级附加要求两个方面展开，见图 5-2-6。其中一般要求，规定了升级包真实性和完整性、软件识别码 / 软件版本的更新、读取以及防篡改要求。在线升级附加要求部分，可从升级前、升级中、升级后 3 个维度进行展开，其中升级前从用户告知、用户确认、先决条件、电量保障 4 个层面开展测试；升级中从车辆安全、驾驶安全、车门防锁止 3 个层面开展测试；升级后从失败处理、用户告知 2 个层面开展测试。

图 5-2-6 车辆型式认证

5.2 OTA 系统功能测试

目前，汽车制造迭代周期加快，汽车制造商会选择软硬解耦、硬件预埋方案，等待软件研发成功后再远程升级。因此，前期的 OTA 测试对保证软件的真实性、完整性、可用性、访问可控性尤为重要。

根据主机厂提供的 OTA 设计规范及相关技术文档（图 5-2-7），测试机构可基于 OTA 的架构设计和功能设计进行测试用例编制及测试环境准备。测试的目的是确保系统功能符合主机厂定义的需求规格说明书，核实系统功能的完整性，没有冗余和遗漏。OTA 系统功能测试主要分为部件级、系统级和整车级功能测试，并在升级流程中覆盖功能异常情况的测试。部件级测试可进一步拆分成 OTA 平台测试、OTA 链路测试和 OTA 车端测试。

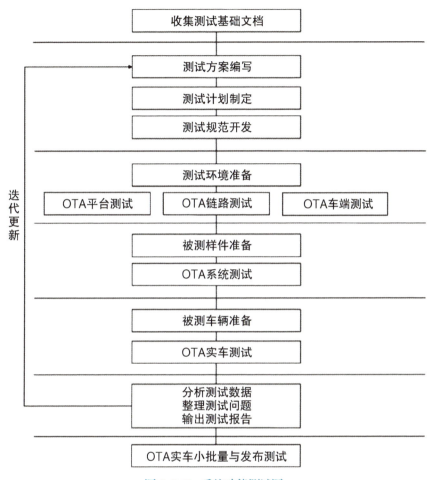

图 5-2-7 系统功能测试图

5.3 安全测试概述

行业内对 OTA 的测试验证普遍侧重功能验证，对网络安全的测试验证关注度较低，可参考的相关测试方法和实践经验较少。相关行业标准法规如 UN R155/R156，以及 ISO/SAE 21434、ISO24089 中均提及了网络安全测试的要求，但并未说明具体的测试内容及方法。

根据 ISO/SAE 21434《道路车辆——网络安全工程》标准中车辆全生命周期安全管理的相关要求，车辆安全测试的流程（图 5-2-8）可总结大致步骤，包括系统项目定义、风险和威胁分析、安全概念定义、测试规划与场景定义、测试用例开发、安全测试执行、测试报告生成。这些步骤确保在车辆全生命周期内对网络安全风险进行有效管理和测试。

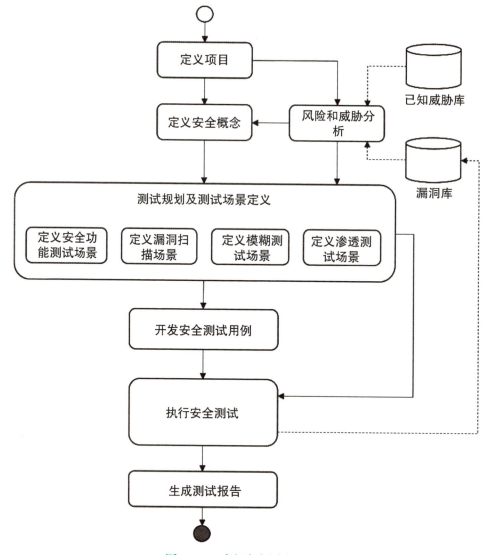

图 5-2-8　车辆安全测试流程

5.4　OTA 体验评价

此前，由于 OTA 技术服务不规范，给消费者造成了很大的困扰。目前，相应的法律法规和强制性标准已经出台，尽管这些法规强调了汽车生产企业是软件升级活动安全的责任主体，并规定消费者拥有对软件升级活动的知情权，但现行法规标准中仍缺乏以消费者为中心的 OTA 技术服务体验评价指标。

因此，有必要配套软件升级全流程，将 OTA 体验评价分为主观和客观两个角度，对软件升级流程中是否提供用户更多选择权、车辆控制权，用户培训及服务质量等评价指标进行规定。这将确保在整个 OTA 服务过程中，消费者的权益得到更全面的保护和提升。

6 主机厂 OTA 应用

6.1 小鹏

小鹏汽车基于全栈自研的智能科技，得益于集中式新型电子电气架构，成为国内较早的能够真正实现整车 FOTA 的车企。小鹏汽车致力于建立一套对整个硬件配置以及软硬件结合的调节机制配合体系，实现全车 ECU 升级。

小鹏汽车 OTA 范围包括动力系统、智能座舱系统、车身系统、智能驾驶系统、底盘系统等全功能域，主要升级内容以智能座舱系统和智能驾驶系统为主。智能座舱功能含全场景语音交互、音乐座舱、车身电子、应用生态以及用户用车习惯设置、其他信息娱乐等。在智能驾驶功能方面，OTA 范围包括 ICA（智能巡航辅助）、LCC（车道保持功能）、TJA（交通拥堵辅助系统）、ACC（自适应巡航）、ALC（自动变道辅助）、VPA（记忆泊车）、记忆泊车路线分享、高速 NGP 等，未来还将升级城市 NGP、AVP（自主代客泊车）等。

6.2 蔚来

蔚来是全球首家通过完全自主研发 OTA 系统并实现大规模量产整车 FOTA 的汽车品牌。蔚来汽车 OTA 升级管理体系是一个以整车软件升级为基础，适应不同软硬件配置，覆盖多车型、多区域的综合软件升级管理平台。

从升级对象角度涉及两大架构平台，支持超过 40 个不同种类 ECU 升级，所支持升级的 ECU 涉及包括以太网、CAN、LIN 等在内的多种车内网络类型。根据业务发展需要，还可以扩展支持多品牌、多平台部署。除了整车 ECU 外，智能外设、关联设备，如智能钥匙等也在 OTA 升级管理体系的覆盖范围内。

从升级类型角度，蔚来同时支持整车固件（FOTA）、应用软件升级（SOTA）、配置更新等，FOTA 保证了更新深度和彻底性，SOTA 和配置更新保证了快捷性和灵活性。

6.3 特斯拉

特斯拉最先将整车级 OTA、软件付费升级等理念引入汽车行业，并在技术开发与应用上获得成功。特斯拉采用集中式的电子电气架构，将电动车控制系统作为一个整体，自主研发操作系统，从底层设计上即嵌入 OTA 系统和功能。范围覆盖自动驾驶、智能座舱、动力、车身、底盘等功能域。

特斯拉通过 OTA 技术实现了软件升级服务的云端部署、远程执行，用软件的方式在一定程度上取代传统 4S 店的功能，并且做到即时响应用户需求，赋予电动车更强的生命力，真正实现了"软件定义汽车"。

6.4　爱瑟福

爱瑟福（Excelfore）是汽车 OTA 技术的创新企业，主营业务为智能网联系统，包括车辆 OTA 系统、远程诊断和数据分析及处理、车内局域网系统、车辆和云端的互联等。其 OTA 平台名为 eSync。

eSync 平台采用"服务器—客户端—代理"架构，在云端与车载终端设备之间建立可扩展且安全的双向数据管道，能够更新软件和固件，并可以从车辆中任何符合 eSync 的终端设备收集实时运行数据。eSync 数据管道的双向功能为聚集"大数据"并在云与车辆中的许多控制器和传感器之间建立交互式学习循环提供了基础。该系统的组件包括差分或增量更新器、增量更新器和全更新器格式，支持在车辆行驶过程中实时进行 OTA。同时，eSync 具有可扩展性，可以根据客户的 OTA 要求进行扩展，并具有长期规模经济的标准化和安全性。

技 能 实 训

思考与练习

单选题：

1.OTA 系统中的前端展示层主要负责什么功能？（　　）

A. 数据存储　　　　　　　　　　　B. 用户交互页面的功能

C. 车辆状态管理　　　　　　　　　D. 软件包管理

2. 在 OTA 车载端架构中，OTA 主控负责哪些功能？（　　）

A. 车辆信息上报　　　　　　　　　B. 升级包下载及分发

C. 软件刷写或者安装　　　　　　　D. 升级信息提示

3. 对于安全测试的描述，以下哪项是正确的？（　　）

A. 行业内对 OTA 的测试验证只关注网络安全

B. ISO/SAE 21434 未提及关于安全测试的要求

C. 安全测试流程包括系统项目定义、风险和威胁分析等步骤

D. 安全测试主要关注系统功能是否完整

4. 以下哪项不是 OTA 标准合规测试的要求？（　　　）

A. 升级前的用户告知

B. 升级中的失败处理

C. 升级后的用户告知

D. 升级前的用户确认

5. 对于车载端 OTA 系统的描述，以下哪项是正确的？（　　　）

A. OTA 不负责与云端数据交互

B. 车载端的 OTA 主控功能模块包括 OTA 客户端和升级管理模块

C. ECU 端架构方案不包括智能 ECU

D. OTA 主控的部署方案只有一种

6. UN R156 和国标对整车企业的软件升级管理体系（SUMS）建设和型式认证方面提出了哪些要求？（　　　）

A. 只包括软件升级管理体系建设的要求

B. 只包括型式认证的要求

C. 包括软件升级管理体系建设和型式认证的要求

D. 不提出具体要求

7. 在 OTA 系统的安全测试中，ISO/SAE 21434 标准提及了哪些内容？（　　　）

A. 未提及安全测试

B. 具体的测试内容及方法

C. 只提及车辆全生命周期安全管理

D. 只提及风险和威胁分析

8. 在 OTA 系统的架构中，哪一层负责处理所有 OTA 相关业务逻辑？（　　　）

A. 前端展示层　　　　　　　　　　B. 指令控制层

C. 业务服务层　　　　　　　　　　D. 数据存储层

9. 车载端 OTA 主控部署方案中，哪种方案需要通过 TCU/IVI 路由联网或者增加安全机制？（　　　）

A. TCU/T-BOX 方案　　　　　　　B. IVI 方案

C. 网关（GW）方案　　　　　　　D. 区域控制方案

10. 对于 OTA 标准合规测试的描述，以下哪项是正确的？（　　　）

A. 仅包括升级前的用户告知和用户确认

B. 只需在升级中进行车辆安全测试

C. 升级前的用户告知和用户确认属于升级前的测试要求

D. 升级后的用户告知不需要进行测试

判断题：

1. OTA 系统中的业务服务层是 OTA 云平台的核心。（　　　）

2. 网关接入层负责车载终端传输数据的封装和流向缓存、消息队列等中间件。（　　　）

3. OTA 车载端架构包括 OTA 主控和 OTA 对象两大部分。（　　　）

4. UN R156 法规主要提出了对整车企业的软件升级管理能力的要求。（　　　）

5. ISO/SAE 21434 标准未提及网络安全测试的要求。（　　　）

6. 蔚来汽车的 OTA 升级管理体系不涉及整车软件升级。（　　　）

7. 特斯拉采用分布式的电子电气架构。（　　　）

8. eSync 平台支持实时进行 OTA，即在车辆行驶过程中进行软件更新。（　　　）

9. 车载端 OTA 系统的主控部署方案只有 1 种。（　　　）

10. OTA 标准合规测试的要求包括升级前、升级中和升级后 3 个维度。（　　　）

拓展训练

1　实验目的

登录"智能座舱 SOA 原子服务管理平台"（网址：http://yunxiaochan.com）。

2　任务实施

2.1　构思智能场景

问题思考：传统汽车 OTA 需要升级时一般要前往 4S 店由店内的服务人员对车辆进行升级，这样升级会为用户增加大量的时间成本，并造成不必要的麻烦。请思考如何通过智能座舱，实现汽车 OTA 的无感知的升级，避免因升级带来的不必要麻烦。

解决方案：通过思考创建一套"FOTA 升级"场景，利用智能座舱内的特性设计一款用户无感知的升级场景。

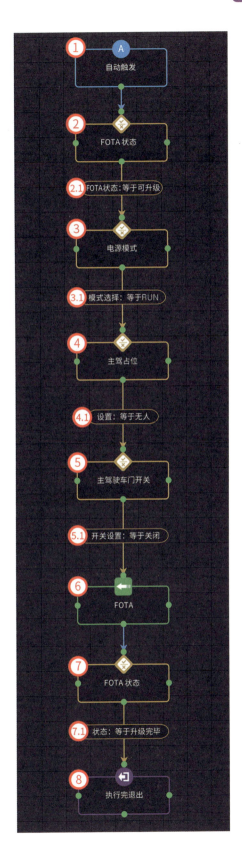

2.2 详细设置

实验步骤			
① 自动触发 **开始方式** 驾驶状态等于驻车	**② FOTA 状态** **设置判断条件** FOTA 状态	**2.1 FOTA 状态:等于可升级** 分支 1 FOTA—FOTA 状态等于可升级	**③ 电源模式** **设置判断条件** 电源
3.1 模式选择:等于RUN 分支 1 电源:电源模式等于 RUN	**④ 主驾占位** **设置判断条件** 座椅	**4.1 设置:等于无人** 分支 1 座椅:主驾占位等于无人	**⑤ 主驾驶车门开关** **设置判断条件** 车门
5.1 开关设置:等于关闭 分支 1 车门:主驾车门等于关闭	**⑥ FOTA** **设置执行结果** FOTA 设置开始升级	**⑦ FOTA状态** **设置判断条件** FOTA 状态	**7.1 状态:等于升级完毕** 分支 1 FOTA:FOTA 状态等于升级完毕
⑧ 执行完退出 **设置退出方式** 执行完退出			

2.3 运行检验

点击运行,检查运行结果。